그 생각, 놓아도 괜찮습니다.

원허 스님이 들려주는

오늘 여기의 삶이 괜찮은 이유

원허 지음

그
생
각,

놓
아
도

괜
찮
습
니
다
。

담앤북스

"수류거隨流去, 흐름에 따라가라."

이 선어가 좋아 항상 마음에 새겨 둡니다. 삶의 모든 것
이 수행의 일부분입니다. 받아들이고 극복하고 소통하는
모든 일들이 물 흘러가듯이 자연스러운 것이 가장 좋은 것
같습니다.

지난겨울, 혹독한 추위를 이겨 낸 메마른 대지에 봄이 와
싹이 트고 새순이 돋아나는 것을 보니 마음이 흐뭇합니다.
작은 새순이 꽃을 피우고 온 도량을 화엄으로 물들이는 과
정을 지켜보고 있으면 소소한 행복을 느끼고 질서에 순응
하며 살아가는 자연에서 내 삶을 보게 됩니다.

내가 사는 곳은 도심 속의 사찰입니다. 많은 사람들이 도
심의 사찰은 오고 가는 많은 사람들과 자동차 소리로 인해

조용함과는 거리가 먼 곳이라 생각하겠지만, 실제 이곳은 낮은 산으로 둘러싸여 있어 밤에는 고요함이 내려앉아 정적마저 감도는 곳입니다. 이곳에서 20여 년을 대중들과 함께 생활하고 호흡하며 그들과 공감대를 형성하면서 어떻게 하면 새로운 방식으로 대중들에게 다가갈 수 있을 것인지를 늘 고민하고 실천하면서 수행하고 있습니다.

이번에 엮은 책은 사찰에서 매달 발행하는 회보 글과, 아침마다 일상의 사소한 일들을 나누는 〈원허 스님의 아름다운 세상 만들기〉에 실은 SNS 글을 모은 것입니다. 매일 풍진세상을 살아가는 우리 이웃들에게 작은 위로와 응원이 되었으면 하는 바람입니다. 이 책은 우리가 행복하게 살아가는 방법을 이야기하고 있습니다. 그러다 보니 곳곳에 경전이나 잠언, 교훈적인 내용을 인용했다는 것을 밝힙니다.

출가 후 오늘날까지 수행에 많은 가르침을 주신 나의 스승 고산 큰스님께 감사드리며 혜원정사의 가족들과, 함께한 모든 인연들에게 감사합니다. 여러분들로 인해 나는 행복하다고 전하고 싶습니다.

맑은 영혼을 품은 혜원에서

원허 효명 합장

1
장
○
삶
의
여
유
를
누
리
다

3
장
○
바
로

지
금

하
다

1장 ○ 삶의 여유를 누리다

그 하루하루가 모여°

어떤 사람이 스님께 물었습니다.

"스님께서는 마음을 비우라고 하시는데, 저는 앞으로 일이 없을까 봐 걱정되어 마음을 비우기가 매우 어렵습니다."

그러자 스님은 다음과 같이 말했습니다.

"마음은 비워지지 않습니다. 그냥 놓아 버리고 쉬어 버리는 것. 이걸 할까, 저걸 할까 생각할 필요 없습니다. 오직 할 뿐, 하고 있을 뿐."

불교에서는 전생에 내가 지은 공덕, 업장에 따라서 삶의 방향이 달라진다고 가르칩니다. 점이 모여 선이 되듯이 지금 당신의 모습은 과거의 결과물입니다. 미래의 모습은 현재 당신이 살아온 날들의 결과입니다. 지금 어떻게 사느냐에 따라 미래는 얼마든지 원하는 방향으로 만들어 갈 수 있습니다.

우리는 다가오는 미래에 대해 지나치게 불안해하고 걱정합니다. 미래의 일은 아직 일어나지도 않았는데 말입니다. 먼 미래의 일을 걱정하지 말고 그저 오늘 할 수 있는 일을 미루지 말고 하기 바랍니다. 그 하루하루가 모여 당신의 인생이 됩니다.

날마다 바람 분다°

창밖에는 날마다 바람이 붑니다. 어떤 날은 꽃향기를 실어 나르는 부드러운 바람이 불고 어떤 날은 저 멀리 바다의 향까지 실어 오는 강한 바람이 불고 그러다가 어떤 날은 밤새 창문을 두드리는 통에 한숨도 못 자고 근심 걱정하게 만드는 그런 바람이 붑니다.

우리가 살아 있는 한 그 바람은 항상 우리 곁에서 떠나지 않고 상처 받은 마음을 어루만지며 때로는 상처 난 마음을 더 세게 할퀴며 그렇게 쉬지 않고 불어 올 것입니다. 그 바람 속에서 견뎌 내야 하는 것이 인생이라면 한 발짝 뒤로 물러나서 겸허하게 받아들이는 자세가 필요합니다.

오늘은 또 어떤 바람이 불어올지 알 수 없지만 물러서지 말고 굳건히 받아들이기 바랍니다.

순리를 기다리는 지혜°

차갑게만 보이던 도랑의 돌 틈 사이로 푸릇푸릇 새순이 올라오고 있습니다. 성질이 급한 녀석은 벌써 꽃을 피울 준비를 하고 있는 것 같습니다. 따뜻한 햇살에 몸을 그대로 맡기고 있노라면 금세 잠이 쏟아질 것 같은, 그렇게 잠깐 졸아도 부끄럽지 않을 듯한 계절입니다.

아무리 단단한 사람의 마음이라도 살짝 빈틈을 내어 주게 만드는 계절이 바로 봄입니다. 겨울이 지나고 봄이 오는 것, 추운 날씨가 풀리는 것, 그것이 순리이기 때문일 것입니다. 이 봄을 맞이하고 있자니 '순리'에 대한 이야기를 하면 어떨까 하는 생각이 듭니다.

예전에 한 다큐멘터리 프로그램에서 봄을 맞이하는 동물

들의 모습을 비춰 준 적이 있습니다. 곰은 겨울 동안 동굴에서 새끼를 낳고 길러 냅니다. 그리고 이듬해 봄, 새끼들과 함께 굴 밖으로 나오게 되지요. 그때 새끼 곰의 표정이 아직도 눈에 선합니다. 세상에서 가장 행복한 표정, 어두운 동굴 속에서 지냈으리라고는 상상도 할 수 없을 정도로 굴 밖의 세상에 푹 빠진 모습이었습니다. 굴 속에서 엄마의 품이 세상의 전부라고 믿었던 새끼 곰이 어떻게 한순간에 바깥 세상과 동화될 수 있었을까요?

식물도 마찬가지입니다. 하얀 눈을 비집고 올라와서 싹을 틔우고 제 줄기를 키우고 꽃망울을 맺고 한 송이의 아름다운 꽃을 피웁니다. 봄날의 들판에서는 이러한 광경을 쉽게 찾을 수 있습니다. 제때가 되었으니 모두들 제 할 일을 하는 것입니다.

이것은 모두 순리에 따른 과정이자 결과입니다. 사람 역시 마찬가지입니다. 하지만 다른 점이 있습니다. 자연은 순리를 거스르는 법이 없지만 사람만은 순리를 거스르는 수단을 잘 알고 있다는 것입니다. 사람이 순리를 거스르는 이유는 별다른 것이 아닙니다. '더 행복해지기 위해서'입니다.

더 행복해지기 위해 순리를 거스르는 사람은 정말 더 행복해질 수 있을까요? 혹시 더 행복해지기 위해 남의 불행을 자신의 양식으로 삼고, 더 행복해지기 위해 자신의 마음을 괴롭히고 있지는 않는지 생각해 보십시오. 아니면 기다림을 참지 못해 순리를 거스르는 행동을 하는 건 아닌지도 말입니다.

세상에는 봄에 피는 꽃이 있고, 여름에 피는 꽃이 있습니다. 자신에게 맞는 순리가 정해져 있다는 뜻입니다. 내 꽃이 왜 지금 피지 않느냐고 닦달할 것이 아니라, 내 꽃이 피기를 기다릴 줄 아는 지혜가 바로 순리인 것입니다. 욕심은 순리를 어긋나게 만듭니다.

겨울 내내 어두운 동굴 속에서 오로지 엄마의 품만을 믿고 의지했던 새끼 곰이 바깥 세상으로 나와 행복한 눈을 뜰 수 있었던 이유는 어쩌면 자신의 순리를 알고 기다렸기 때문일 것입니다.

따뜻한 봄이 시작되었습니다. 곧 여름도 오고, 가을도 오고 그리고 겨울도 올 것입니다. 인연은 제때를 맞아 나를

찾아오기 마련입니다. '순리'라는 이름으로 말입니다. 순리
를 재촉하지 말고 기다림의 지혜를 아는 불자가 되기 바랍
니다.

오
늘
의

알
아
차
림

우리는 빠른 결과만을 기대합니다.
하지만 인생을 어느 정도 살아 본 분들은
한결같이 말씀하십니다.
인생은 장거리 여행과 같다고.
우리가 세웠던 모든 계획들은 많은 시간을 필요로 합니다.
사람과의 관계든 일이든 지혜든 기쁨이든
당장은 손해 보는 듯 생각되는 일도
먼 훗날에는 이익이 되어 돌아오는 경우를
많이 보게 됩니다.
인생을 멀리 보고 대하는 태도가
살아가는 데 있어 큰 지혜가 될 수 있습니다.

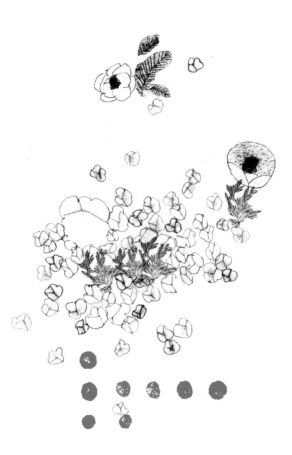

내 꽃이 피기를 기다릴 줄 아는 지혜

늘 바쁜 사람°

주위를 살펴보면 언제나 바쁜 사람이 있습니다. 그 사람은 잠시도 가만히 있지를 못합니다. 해야 할 일이 뭐가 그리 많은지 식사를 할 때도 허겁지겁, 대화를 나눌 때도 상대방에게 집중하지 못하고 마음은 이미 다음 일에 빼앗기고 있습니다.

그 사람을 붙잡고 물어봅니다.
"지금 당신은 무엇 때문에 그리 분주한가요?"
그 사람은 이야기합니다.
"네? 나는 지금 바쁘지 않습니다. 그저 내가 해야 할 일을 하고 있을 뿐입니다."

바쁜 것도 습관입니다. 어쩌면 자신에게 주어진 시간을 경제적으로 활용하지 못하기 때문에 항상 바쁘게 생활하는 것일 수도 있습니다. 바쁘게 사는 것과 열심히 사는 것에는 많은 차이가 있습니다. 여유로운 마음으로 현재에 집중하는 것, 현대를 살아가는 우리들에게 필요한 정신입니다.

흔들리지 않고 피는 꽃이 어디 있으랴°

온 도량에 꽃이 만발하여 화엄 세상입니다. 하얀 목련이 활짝 피어 아름다운 자태를 뽐내고, 동백은 꽃망울째로 땅에 떨어져 붉은색으로 땅을 수놓았습니다. 길목의 벚나무들은 꽃망울을 잔뜩 머금어 이제 곧 서서히 만개할 것 같습니다. 봄은 이래서 좋은 것 같습니다.

꽃은 우연히 피지 않습니다. 계절의 변화에 따라서 꽃이 피고 지는 것 같지만, 한 송이 꽃이 피기까지는 긴 인고의 시간이 있습니다. 황벽 선사는 말했습니다.

"번뇌를 멀리 벗겨 버리는 일 예사롭지 않으니 고삐 끝을 꼭 잡고 한바탕 줄다리기를 해야 하리. 한 차례 추위가 뼛속에 사무치지 않으면 어찌 매화가 코를 찌르는 향기를 얻으리."

우리도 힘들고 어려운 일이 있더라도 참고 견디면 좋은 시절 인연을 만날 것입니다. 도종환 님의 시 그대로입니다. "흔들리지 않고 피는 꽃이 어디 있으랴!"

살다 보면 주인공이 되는 순간이 온다°

계절의 아름다운 모습 중 하나는 모과가 노랗게 익은 모습입니다. 모과나무를 보면, 꽃과 열매로는 주목을 받지 못합니다. 언덕 후미진 곳에서 다른 나무들에 섞여 존재감을 드러내지 못하지요.

하지만 초겨울의 문턱, 주위에서 자라던 나무들이 모두 잎사귀를 떨구고 가지만 앙상하게 남았을 때 그 존재감을 드러냅니다. 우리에게 익히 알려진 모과차는 차가운 겨울 우리의 몸을 따스하게 덥혀 주고, 그 향은 멀리까지 은은하게 퍼져 나갑니다. 이렇게 늦게 존재감을 드러내는 것들이 있습니다.

가끔 돌아보면, 자신이 원하는 일만 하고 싶을 때가 있고 자신이 항상 주인공이기를 바라는 때가 있습니다. 그러나 드러나는 삶을 살기보다는 자기 안에서 답을 찾아야만 합니다. 일희일비 하지 말고 항상 자신이 주체가 되어 살아야 합니다.

"수처작주 입처개진隨處作主 立處皆眞"이란 말이 있습니다. 임제臨濟 스님의 말씀인데 "자기가 처한 곳에서 주체성을 가지고 전심전력을 다하면 어디에서나 참된 것이지 헛된 것은 없다"라는 뜻입니다. 이렇듯 주체적으로 사는 자세가 중요할 것입니다.

오늘 하루의 결과에 연연하지 말고 항상 자신 있게 살다 보면 주인공이 되는 날이 찾아옵니다. 자신을 누군가와 비교하지 말고 오로지 어제의 자신과 오늘의 자신을 비교하기 바랍니다.

오
늘
의　알
아
차
림

욕심에는 무게가 있기 때문에
욕심이 담긴 마음은 아무리 작아도
물에 빠지면 물속에 가라앉는다고 합니다.
행복하게 산다는 것은
결국 가볍게 사는 것과 통합니다.
근심이 없고 복잡한 생각이 없다면
가벼워진 생각으로 인해
저절로 여유로움이 찾아올 것이고
삶의 질 또한 높아질 것입니다.

무슨 일을 하든 짬이 생기게 할 것°

    지난밤에는 달빛이 어찌나 좋던지 달빛을 따라 포행을 나섰습니다. 환하고 크고 둥근 달이 포근하게 비쳐서 겨울 밤의 추위도 잊게 했습니다.

    저는 지금 부처님 진신사리를 모신 적멸보궁이 있는 오대산에 들어와 있습니다. 추운 겨울날 산속 생활이라 하면 춥고 외롭고 쓸쓸할 것 같지만 혼자 차분히 생활하는 이 시간은 여러분이 생각하는 것보다 훨씬 포근하고 따뜻합니다. 물론 거기에는 저의 수행을 더욱 다진다는 의미도 들어 있지요.

    귀가 떨어져 나갈 만큼 매섭게 추운 날은 오히려 산의 기운이 어찌나 맑은지, 그 시린 청명함을 온몸으로 즐기고, 또 더러 날씨가 매우 포근할 때는 한참이나 포행을 합니다.

지난밤처럼 달빛이 좋은 날에는 달빛 따라 나섭니다.

군더더기 없이 앙상한 겨울 산은 그만의 매력을 보여 줍니다. 더없이 청정한 전나무 사이로 스치는 맑은 바람을 맞으며 부처님을 친견하러 가는 길에 무엇을 더 바라겠습니까.

이렇게 주변에는 우리에게 여유와 넉넉함을 주는 것들이 많습니다. 비단 오대산에만 있겠습니까. 이런 아름다운 모습은 실제 우리 주변에 널려 있습니다. 하지만 많은 사람들이 이런 모습에서 여유와 넉넉함을 느끼지 못하는 것 같습니다. 그러면서 늘 '바쁘다', '여유가 없다', '좀 쉬고 싶다'라고 말하지요.

저는 여러분에게 "기쁘게 바쁘고, 즐겁게 지쳐라"라고 말하고 싶습니다. '기쁘게 바쁘다'라는 말은 얼마나 멋진 표현입니까. 또한 '즐겁게 지쳐라'라는 말은 바쁘게 일하는 것을 즐기라는 말입니다. 하지만 바쁜 건 괜찮으나 괴로운 것은 피해야 합니다. 그래서 여기에서 빠지면 안 될 게 하나 있습니다. 무슨 일을 하고 있든 짬이 생기게 하는 것.

여러분이 무슨 일을 하고 있든 잠시 멈추고 짬을 허용하십시오. 그때 에너지가 생기고 원기가 회복되는 것을 느낄 수 있습니다. 그리고 그 순간 자신만의 세상이 열립니다. 열린 마음이 되어 현재의 상황들이 아름답고 행복하게 느껴집니다.

혹시 화가 나 있는 상태라면 맑은 하늘을 바라보고 맑은 바람을 느끼는 순간, 깊은 심호흡으로 그 화를 날려 버릴 수 있습니다. 만약 몹시 울적하다면 그 울적함을 지금의 하늘과 바람으로 즐길 수도 있습니다. 지금 매우 기쁘다면, 비가 오거나 바람이 불거나 꽃이 피거나 꽃이 지는 모든 현상이 나에게 축복을 더하는 것입니다. 어느 쪽이든 잠시 마음을 쉬고 자연을 느끼고 마음이 고요해지면 새로운 세상을 느낄 수 있습니다. 거기에는 특별한 노력이 필요하지 않

습니다. 잠깐 짬을 허용하는 것, 여유를 느끼는 것만 필요
할 뿐이지요.

　저는 다시 포행을 나갈까 합니다. 길을 나서며 길 위에서
부처님께 이르는 길을 다시 한 번 새겨 볼 생각입니다.

미운 그 사람을 내려놓다°

흔히 원수를 사랑하고 미운 사람을 위해 기도하라고 이야기합니다. 언뜻 생각하기에 불가능한 일인 것 같기도 하고 또 왜 그래야 하는지 이해가 가지 않는 이야기입니다. 하지만 이 모든 것은 정작 원수를 위해서도, 미운 사람을 위해서도 아닌 자기 자신을 위한 일입니다.

내가 아무리 다른 사람을 미워해도 그 사람이 그것을 깨닫고 괴로워할 리 없습니다. 오히려 미워하는 내 마음이 불같이 타올라 결국 스스로를 태우고 말 것입니다. 미움과 증오에는 일방통행이 없습니다. 자신이 지는 것을 용납하지 않으니 미움은 다시 반복됩니다. 이쪽에서 큰 칼을 차면 저쪽에서는 더 큰 칼을 준비하는 이치입니다. 작은 미움이 더 큰 미움으로 발전하게 되는 것이지요.

내 마음이 평화로우면 그곳이 바로 극락입니다. 주위에
미워하는 사람이 있거나 자신을 섭섭하게 한 사람이 있다
면 그 사람을 마음에서 내려놓는 것이 가장 현명한 일임을
항상 생각하시기 바랍니다.

씨앗은 나무가 되기 위해
싹을 틔우지 않는다°

한 그루 나무를 보십시오. 지금이야 단단히 뿌리박고 있는 나무라 할지라도, 그가 처음 씨앗일 때는 어떤 생각을 했을까요?

모든 씨앗이 나무가 되기 위해 싹을 틔우는 것은 아닙니다. 우리가 내일의 일을 예측하지 못하는데, 갓난아기가 어떻게 60년 뒤의 자기 모습을 생각할 수 있겠습니까. 다만 사유가 가능해질 무렵부터 내일 그리고 1년 뒤, 더 먼 미래까지 자신의 목표를 설정하고 그에 따라 성장해 가는 것입니다. 목표를 성취해 나가며 자신이 그린 미래에 가까워질 수 있다면 좋은 일일 것입니다. 그러나 목표 때문에 삶을 망쳐서는 안 되겠지요.

물은 머무름 없이 흘러야 합니다. 일렁이는 표면만 보아서는 윗물만 흐르는 것 같지만 실제로 그 속에 살고 있는 고기의 작은 꼬리 짓도 물을 흔드는 힘이 되지요. 그러나 인간의 이기심이 물길을 막으면 막힌 물에 강은 생을 멈추고, 그 속에서 살아가던 작은 미물들은 삶을 빼앗깁니다. 가뭄을 막고 인공적인 수로를 만들어 강을 살리겠다는 본연의 목적은 과연 어디로 사라졌는지 의문이 듭니다.

이처럼 목표는 그 자체로는 그럴 듯하지만 때로 몇 가지의 단어로 설명되지 않는 파장을 가져오기 마련입니다. 경주마의 시야를 가려 앞만 보게 하면 빠른 속도를 낼 수 있지만, 옆을 보지 못하는 말은 작은 충격에도 크게 넘어지고 맙니다. 그 충격은 고스란히 기수에게 돌아가게 되는 것이지요. 단적인 예지만 삶의 목표에 대해 고민해 볼 문제입니다.

많은 이들은 저마다 목표를 이루기 위해 끊임없이 노력하며, 목표를 이룬 다음에 성공이라는 보상을 받습니다. 그리하여 또 많은 이들이 더 이상적인 목표를 세우고 성공에 가까워지고자 노력합니다. 하지만 아무리 근사한 목표를 세웠다 하더라도 그것이 타인의 고통 위에 세워진 목표여서는 안 될 것입니다. 가장 수승하여 타인의 고통을 필요로 하지 않고, 어느 것보다도 우선될 수 있는 목표가 있습니다. 바로 '붓다'처럼 살아가는 것입니다. 부자라는 목표가 있다면 돈을 벌기 위해 애쓸 것이고, 돈을 벗어난 다른 목표를 생각하기란 어렵습니다. 그러나 붓다처럼 살고자 한다는 목표가 있다면 부처님께서 말씀하신 수승한 가르침을 배우고 체득하고자 하는 목표가 생깁니다. 내 삶의 목표가 재물이나 명예에 있지 않고 붓다처럼 사는 삶에 맞닿아 있다면, 삶은 더욱 향기로워지고 더 이상의 큰 목표를 찾기 위해 헤매지 않아도 될 것입니다.

씨앗은 나무가 되기 위해 싹을 틔우지 않습니다. 무엇에 끄달려 끊임없이 새로운 목표를 만들어 내는 삶에서 한발 물러서서 변하지 않을 목표를 세워 보심이 어떨지요.

오
늘
의　알
아
차
림

날씨는 계절에 따라 시시로 변합니다.
청명한 하늘이 펼쳐지는 날이 있는가 하면
어떤 날은 따사로운 햇살이 반짝이고
어떤 날은 천둥 번개를 동반한 소나기가 내립니다.
인생도 변화하는 날씨를 닮았습니다.
어떤 날은 한없이 행복한 가운데 희망으로 빛이 나고
어떤 날은 불행한 일이 꼬리를 물고 일어나서
절망에 빠집니다.
하지만 생로병사 속에서 살아가는 우리가
행복과 불행을 선택할 수 있는 데는 한계가 있습니다.
일어나는 일을 무심히 받아들이는 연습을 하는 것이
수행이라는 생각이 듭니다.

평상심을 지니려면°

바쁜 일상 속에서 가끔 여유로운 시간이 찾아오면 아무 것도 하지 않고 가만히 있는 것을 불안해하는 분들이 있습니다. 무언가를 해야 하고, 배워야 하고, 바쁘게 지내지 않으면 남들보다 뒤떨어진 삶을 살아갈까 봐 불안해합니다. 그래서 평소 그렇게 원하던 여유로운 시간이 생겨도 제대로 자신을 위해 활용하지 못하는 것입니다.

이런 분에게 '방하착放下着' 하라고 권하고 싶습니다. 방하착은 '모든 집착을 내려놓는 것'입니다. 끊임없이 무언가를 가지려고 하면 행복은 그만큼 멀어질 뿐입니다. 반면 단순하고 간소하게 생활하면 자연스럽게 마음에 평화가 찾아옵니다. 잠시, 무언가를 해야 한다는 생각을 내려놓고 마음을 가볍게 해 보십시오.

간혹 우리는 인생에서 의미 있는 일을 하고 싶다는 간절
한 염원을 일으킬 때가 있습니다. 밤에 잠을 못 잘까 봐 걱
정하면 잠은 더 달아나는 것처럼, 인생에 대한 거대한 계획
이나 꿈은 잊고 사는 것도 괜찮은 것 같습니다.

'진정한 수행이란 자신을 잊는 것'이라는 말이 있습니다.
진실로 자기 자신을 잊을 때 마음의 평화가 오는 것을 우리
는 알게 됩니다. '평상심이 도'라 했습니다. 바로 지금 모든
생각을 내려놓으면 됩니다. 그러면 우리는 모든 순간 삶을
있는 그대로 즐길 수가 있습니다.

모든 순간마다
삶을 잊는 그대로

죄를 짓고도 모른다면°

살아가면서 죄를 짓지 않고 살기란 매우 힘듭니다. 무의식 중에 죄를 짓기도 하고 자신의 행동이 나쁜 것이라는 사실조차 알지 못하고 죄를 짓기도 합니다. 또 본의 아니게 다른 사람에게 상처를 주기도 합니다. 하지만 일부러 상처를 주지 않았다고 해서 그 죄가 사라지거나 덜하지 않습니다. 상처를 받는 사람의 입장에서는 상처를 주는 사람의 입장과 상관없이 아픔을 느끼기 때문입니다. 그래서 알고 짓는 죄도 크지만 모르고 짓는 죄 또한 크다고 하는 것입니다. 이때 죄를 씻는 유일한 방법은 용서 받는 것이 아니라, 자신의 잘못을 알고 참회하며 다시는 그런 잘못을 짓지 않기 위해 꾸준하게 노력하는 것입니다.

우리는 살아가면서 알게 모르게, 크고 작은 죄를 짓고 살아갑니다. 그래서 가장 두려워해야 할 것은 죄를 짓고도 모르고 지나가는 일이라 할 것입니다. 바람결에 던진 먼지가 자신에게 돌아오듯, 모든 것이 자신 안의 성품에 따라 자신에게로 돌아온다는 점을 유념하기 바랍니다.

낙엽 진 풍경이 남긴 이야기°

 계곡물을 유심히 바라보면 그 위에 떠다니는 낙엽을 볼
수 있습니다. 봄, 여름 동안 나무에 무성하던 잎은 노란 잎
이 되어 도랑을 뒤덮다가, 큰 눈이 내려 도랑이 하얀 옷으
로 갈아입고 나면 온전히 바닥으로 떨어집니다. 그 떨어진
낙엽이 대지를 보듬고 계곡 사이를 유유히 흐르며 겨울의
풍경을 만들어 내는 것입니다. 산 아래로 흐르는 계곡물을
따라 낙엽도 그 위에 몸을 싣고 길을 같이합니다. 하지만
둘의 인연이 계속될 수는 없습니다. 물은 어떤 장애를 만나
도 잠시 머무를 뿐, 끝내는 산 아래로 길을 이어 갑니다. 그
러나 낙엽은 때로는 바위틈에 끼어 멈추기도 하고, 세찬 물
길을 만나면 물살을 이기지 못하고 바닥에 가라앉기도 합
니다. 단 한 번의 장애도 겪지 않고 큰 강을 만나기란 쉽지

않습니다. 때로는 장애를 극복하기도 하지만 영영 극복하지 못할 수도 있는 일입니다.

우리의 삶도 이와 같습니다. 시간이라는 계곡을 따라 흘러가다 보면 장애를 만나고, 고난과 위기를 만나기도 합니다. 어느 한자리에 잠깐 머무를 수도 있고, 아니면 평생 주저앉을 수도 있습니다. 하지만 중요한 것은 자신의 마음가짐입니다. 낙엽이 계곡의 바닥에 쌓이면 작은 물고기들의 보금자리가 됩니다. 또 뭍으로 밀려난 낙엽은 그곳에서 다시 나무의 양분이 됩니다.

우리는 때로 누군가에 비해 많이 뒤처지고 있다는 생각을 합니다. 그 생각은 자신을 건조하게 만들어 자괴감에 빠지게 합니다. 그러나 나의 가치란 남들과 동등하거나 앞서나갈 때 발휘되는 것만은 아닙니다. 장애를 극복해서 이겨낼 수도 있습니다. 그러나 우리는 장애를 극복하지 못할 때도 많습니다.

낙엽이 가진 본성은 물길을 따라 여유롭게 흘러가는 것이 아닙니다. 제 몸을 통해 대지의 양분이 되는 것이 그 본성입니다. 우리는 모두 가치 있는 삶을 살고 있습니다. 삶은 성공을 향해 있는 것이 아니라, 스스로의 참본성을 밝히는 방향으로 향해 있어야 하는 것입니다.

달력을 한 장 넘겨 봅니다. 시시각각 몸을 맡기며 살아온 시간 동안 나는 어디에 머물러 있었습니까? 그리고 어디를 향해 있는지요?

오
늘
의

알
아
차
림

간소하게 사는 것만큼이나 중요한 것이
생각을 많이 하지 않는 것입니다.
이런저런 생각을 하다 보면 결국 다가오지도 않은
미래의 불확실성에까지 이르게 되고
그것은 희망보다는 걱정으로 다가와
자신을 옭아맬 수 있기 때문입니다.
그래서 생활도 생각도 단순하게 하기 위해 노력해야 합니다.
모으는 것보다 버리는 것이 어쩌면 더 힘든 것처럼
단순하게 살기 위해서는 많은 연습이 필요합니다.
삶이 단순해지면
그만큼 더 평화로움을 느낄 수 있을 것입니다.

천천히, 쉬엄쉬엄 걷다 °

'나는 직선으로만 가고 있지는 않는가?' 하고 스스로에게 물음을 던져 봅니다.

옛날에는 부산에서 서울을 가려면 꼬박 하루를 비워 놓아야 했습니다. 이제는 추억이 되어 버린 대관령을 굽이굽이 돌아서 넘고, 속리산 정이품송을 보기 위해서는 말티고개를 넘어야 했던 시절, 느렸지만 낭만이 있고 사람의 향기가 있어 좋았습니다. 지금은 오직 직선으로만 뻗어 버린 고속도로와 산을 관통하는 터널 탓에 옆을 바라보기도 쉽지 않습니다. 그저 속도와의 전쟁입니다.

티베트 속담에 다음과 같은 말이 있습니다.

"서둘러 걸으면 라싸에 도착할 수 없다. 천천히 걸어야 목적지에 도착할 수 있다."

티베트 같은 고원지대에서는 너무 빨리 걸으면 산소 부족으로 어려움을 겪는 경우가 많습니다.

우리네 인생도 그러고 보면 산 넘어 산입니다. 한 고비 넘겼다 싶어 잠시 뒤돌아보면 또 한 고비를 만나게 되는 것이 우리네 삶입니다. 쉬엄쉬엄 가더라도 어차피 목적지에 도달하게 되어 있습니다. 뛰어간다고 해결될 일은 별로 없습니다. 서둘지 말고 쉬엄쉬엄 걸어갔으면 합니다.

잡생각을 다스리는 방법°

　기도에 대한 상담을 하다 보면 불자님들이 제일 많이 하는 고민이 있습니다. 기도나 참선을 하다 보면 많은 생각들이 스쳐 지나가 집중이 되지 않는다는 것입니다.

　그런 분에게 이런 비유를 들어 드립니다. 물속에 작은 돌을 던지면 파문이 일어납니다. 그 파문을 막으려고 손을 대면 다시 새로운 잔물결이 생깁니다. 또 그것을 막으려고 하면 파문은 끝없이 생겨납니다. 최초에 발생했던 파문을 내버려 두면 머지않아 잔물결들은 사라지고 고요함만 남게될 것입니다.

　머릿속의 생각도 이와 같습니다. 억지로 일어나는 생각을 지우려고 하지 말고 '아! 한 생각이 일어났구나' 하고 인지하고는 흘려보내면 됩니다.

머릿속에 아무것도 담아 두지 않으면 마음이 여유롭고 차분해집니다.

부처님의 공양과 중생의 밥상°

부처님은 수자타가 올린 우유죽을 드시고 안색과 기력을 회복하여 깨달음을 얻으셨습니다. 실제로 인도의 우유죽은 쌀, 우유, 설탕, 견과류 등을 넣어 만든 가벼운 후식의 한 종류입니다. 근사한 밥상을 차려 놓고도 성이 차지 않는 요즘 사람들의 입맛과 비교하면 과연 우유죽으로 허기가 채워졌을까 하는 의문이 들 것도 같습니다.

요즘 들어 음식에 대한 관심이 부쩍 높아졌습니다. 과거의 유행이 패션이나 이념을 중심으로 흘러왔다면, 최근에는 '먹는 문화'라는 조금은 독특한 유행이 생긴 것입니다. 늘 주방 뒤에 가려져 있던 요리사들이 '스타'라는 이름으로 방송에 출연하고, '힐링', '치유'라는 수식어로 음식에 먹는 것 이상의 가치를 부여하고 있습니다. 의식주 중 생명을 유지하기 위한 가장 필수적인 요소인 '식食'은 인류와 떼려야 뗄 수 없는 관계입니다.

"살기 위해 사는 것이 아니라 먹기 위해 산다"라는 농담 속에는 음식의 가치와 인간의 가치가 같다는 다소 씁쓸한 전제가 있습니다. 낯선 곳에 여행을 가게 되더라도 습관적으로 '맛집'을 검색하고, 명소 주변은 어디든 '맛집'이라는 간판으로 여행객들의 발길을 잡으려 애쓰고 있습니다. 유명한 맛집에서 몇 시간을 기다려 식사하는 것을 기쁨으로 여기는 사람도 흔히 볼 수 있습니다. 언제부터인가 음식은 위장을 채우기 위함이 아닌, 혀를 기쁘게 하기 위한 역할에 더 충실하게 되었습니다.

오래전 인류는 생존을 위해 끊임없이 음식을 갈구했습니다. 쉽게 음식을 구하기 위해 풍족한 환경을 원했고, 나은 삶에 대한 욕심은 오늘날 인류의 발전을 이루었습니다. 음식은 산과 들이 아닌 곳에서도 쉽게 구할 수 있게 되었고 다채로운 조리법으로 더욱 맛있는 음식을 만들어 냈습니다. 그렇다면 우리는 '살기 위해 먹었던' 과거보다 '먹기 위해 사는' 현재에 더 행복한 삶을 누리고 있을까요?

우리 혀는 통증인 매운맛을 제외하고 짠맛, 단맛, 신맛, 쓴맛의 네 가지 맛을 느낄 수 있습니다. 아무리 맛있고 훌륭한 음식을 먹어도 혀로는 네 가지 맛밖에 볼 수 없는 것입니다. 그럼에도 더 나은 맛을 좇는 것은 몸이 아닌 마음의 욕구입니다. 사자는 아무리 배가 고파도 잡은 짐승을 배부를 때까지 먹지 않습니다. 사자가 남긴 고기는 하이에나의 식사가 되고 독수리의 만찬이 됩니다. 그러나 인간의 위장은 가득 채우고도 더 채워야 비로소 배부름을 느낀다고 합니다. 아무리 배부르게 먹어도 하룻밤이 지나면 다시 허기가 찾아올 텐데도 그렇게 배를 채우는 겁니다. 몸은 채우고 비우고를 반복하지만 마음은 채우는 것밖에 하지 못하기 때문입니다.

만화 〈식객〉에는 "세상에서 가장 맛있는 음식은 이 세상 모든 어머니의 숫자와 같다"라는 명대사가 등장합니다. 또 유명한 음식 전문가들은 맛있는 음식을 두고 '엄마의 손맛' 같다는 말을 자주 합니다. 요즘 청년들이 가장 먹고 싶은 음식으로 '집밥'을 꼽은 것도 같은 맥락입니다. 우리는 맛있는 음식을 찾으려고 밖으로 떠돌지만 결국 맛은 혀가 아닌 마음이 기억하는 곳을 향하게 되는 것입니다.

그래서 어쩌면 맛있는 음식을 쫓아다닌 것은 내 욕심이 마음을 채워 주지 못하고 있다는 의미일지 모르겠습니다. 부처님이 12첩 반상도 아닌, 우유죽 한 그릇에 기력을 회복하고 안색이 환해지셨다는 것은 이미 더 이상의 맛도, 음식도 필요치 않은 충만함을 구족하셨음을 의미합니다.

꽃구경하기 좋은 계절입니다. 다시 오지 않을 이 순간의 풍경을 한껏 품으며 '몸'이 아닌 '마음'의 허기를 채우기 바랍니다.

오
늘
의

알
아
차
림

지금 우리는 너무 많은 생각을 하는 것 같습니다.
어떤 일에 집중하고 있을 때도
'이 일이 나에게 어떤 도움을 줄 것인가'라는
생각이 머릿속에서 떠나지 않을 때도 있습니다.
반대로 이번 휴일에는 아무 일도 하지 않고
쉬고 싶다는 말을 되뇌면서도
일에 대한 생각이 떠나지 않는 자신을 발견하곤 합니다.
지금 하고 있는 일에 집중해 보시기 바랍니다.
눈앞에 벌어지는 일에 최선을 다하는 사람은
다가오는 일에도 즐거움을 누릴 수 있습니다.

온전한 헤아림°

포대화상의 포대(자루)에는 중생이 원하는 모든 것들이 담겨 있습니다. 돈을 원하는 이에게는 돈을 꺼내 주고, 건강이 필요한 이에게는 건강을 내어 주는 것이 포대화상의 일입니다. 그렇다면 중생들의 그 많은 바람들을 어떻게 포대에 넣었는지에 대해 생각해 봅니다. 포대화상이 자루에 만물을 담을 때 중생이 무엇을 필요로 하는지 어떻게 알고 넣었을까요? 우리의 삶과 욕망을 제대로 꿰뚫지 못했다면 애초에 무엇을 담을지도 몰랐을 겁니다. 중생을 온전히 이해할 수 있기에 포대화상의 자루에는 중생이 원하는 모든 것이 담겨 있는 겁니다.

부처님의 팔만사천 법문은 중생의 팔만사천 번뇌와 그 수효가 같습니다. 팔만사천 번뇌를 헤아리지 못한다면 팔만사천 법문은 나올 수가 없는 것입니다. 불교는 이해를 기반으로 하고 있습니다. 관세음보살님이 세상의 모든 소리를 듣는 것도 중생을 이해하는 것을 우선으로 삼았기 때문입니다. 그러고 나서 그 소리에 따라 각기 다른 모습으로 화현하시어 중생을 일깨워 주시는 겁니다.

온전히 누군가를 이해하고 헤아린다 함은 어떤 의미일까요? 때로는 누군가의 질문에 '그렇다', '아니다'라고 대답하기보다 잠시 침묵하고 경청해 주는 것은 어떨까 싶습니다. 고민을 가진 사람은 언제나 자기 나름의 답을 갖고 있습니다. 결국 선택하는 일도 그의 몫이기 때문입니다. 고민을 털어놓는 사람은 그저 묵묵히 자신의 이야기를 들어 줄 사람을 찾는 건지도 모르겠습니다.

'알다'라는 말은 알[卵]에서 파생되었다고 합니다. 알의 가치는 껍데기에 있는 것이 아니라 그 속에 있는 생명에 있습니다. 그렇기에 안다는 것은 겉모습이 아니라, 그 속에 있는 가치를 아는 것입니다. 단단한 껍데기에 가려져 있는 것을 온전히 이해하는 것이 바로 '안다'의 뜻입니다. 가까운 누군가 혹은 먼 누군가, 나와 관계 있는 사람, 그렇지 않은 사람이 자신의 고민을 이야기할지도 모릅니다. 그럴 때마다 좀 안다 싶어서 경솔한 말을 내뱉지는 않았는지 자신을 돌아보아야겠습니다.

불교에서는 앎 이전에 조건 없는 이해를 늘 바탕에 두고 있습니다. 관세음보살님의 자비로운 손길 뒤에는 세상 모든 소리를 듣는 열린 안목이 있었으며, 포대화상의 넓은 포대 안에는 중생이 필요로 하는 것이 무엇인가를 고민했던 헤아림이 있었습니다. 계절이 바뀌는 시기입니다. 무어라 이름 짓지 않고 그저 쉼표로 표현되는 짧고 아쉬운 시절입니다. 바쁘게 달린 앞선 계절을 쉬어 가며, 잠시 주변을 헤아리는 시간을 가져 보는 것은 어떨까요.

어차피 해야 할 일이라면°

한밤중에 문득 잠에서 깨어, 어떤 생각에 사로잡혀 잠을 이루지 못할 때가 가끔 있을 것입니다. 아침에 생각해 보면 쓸데없는 생각인데 잠을 이루지 못해 피곤한 하루를 맞이합니다.

생각한다는 것은 참으로 소중한 행위입니다. 인간에게는 생각하는 힘이 있습니다. 생각하는 힘이 있기에 문명을 만들고 진화할 수 있었습니다. 하지만 생각하지 않아도 될 일을 생각함으로 해서 오히려 스스로를 힘들게 할 때도 있습니다.

가령 '이번 일은 꼭 내가 맡아야 하는 걸까?' 하는 생각은 큰 의미가 없습니다. 왜냐하면 자신에게 주어진 업무는 결국 반드시 해야 할 일이기 때문에, 생각하고 고민한다고 해서 결과가 달라지지 않기 때문입니다. 괜시리 마음만 복잡할 뿐입니다. 일상에서 우리들은 쓸데없는 생각이나 걱정이 너무 많습니다. 그런 생각들을 잠시만 멈추면 마음이 한결 가벼워질 것입니다.

한숨 사이에 놓인 마음°

　포행을 하다 보면 한숨을 크게 쉬는 불자님들을 자주 만나게 됩니다. 어찌나 한숨 소리가 큰지, 땅이 꺼질 정도라는 표현이 맞을 정도입니다. 한숨은 우리가 근심이나 설움이 있을 때 길게 몰아서 쉬는 숨을 말합니다. 우리가 한숨을 쉬는 이유는 마음에 답답한 일이 있어 밖으로 내보내려는 의도에서입니다. 아마도 그 불자님은 큰 고민이나 걱정이 있었기에 그리 큰 숨을 몰아쉬었을 겁니다.

　돌이켜 생각해 보면 우리는 매일, 매 순간 자신의 숨을 제대로 인지하지 못한 채 살고 있습니다. 모두가 숨 쉴 틈 없이 바쁜 삶을 살아갑니다. 여기서 '숨 쉴 틈 없다'라는 비유는 숨을 들이쉬고 내쉬는 것을 느껴 볼 만큼의 여유도 없다는 뜻일 겁니다. 그러니 그 짧은 한숨이 우리가 살아 있음을 느끼게 하는 작은 도구라면 도구이겠지요. 이렇듯 살아 있다 함은 바로 호흡을 하고 있다는 증거입니다.

경허 스님이 계룡산 동학사에서 수행할 때 어떤 사미가 스님께 물었습니다.

"스님, 경전을 보면 사람의 목숨은 한 호흡 사이에 달렸다고 합니다. 이게 무슨 뜻입니까?"

그러자 스님은 사미더러 가까이 오라 한 후에 갑자기 사미의 코를 틀어막았습니다. 열한 살짜리 어린 사미가 발버둥 치다가 스님을 벗어나서는 울먹이며 말했습니다.

"스님, 죽을 뻔했습니다."

그러자 스님은 말했습니다.

"숨을 들이쉬고 내쉬는 잠깐 사이에 사람의 목숨이 달렸다. 사람들이 이를 모르고 한없는 탐욕에 찌들어 사는 것이다."

사미는 경허 스님의 말에 깨달음을 얻었습니다. 이 사미가 만공 스님입니다.

마음을 공부하는 참선이나 명상이나 둘 다 호흡법을 이용합니다. 그 원리는 아주 간단한데, 바로 숨을 마실 때 공기의 흐름을 느끼고 다시 내쉬면서 공기의 흐름을 느끼는 것입니다. 내 몸을 오가는 공기의 흐름을 인지하는 것만으로도 마음을 안정시키는 데 도움을 줍니다. 찬찬히 호흡을 하면서 살아 있음을 느끼고, 내 몸과 마음을 관하는 것이 호흡법의 기본 원리입니다. 그런데 그 단순한 호흡을 느낄 새도 없이 바쁜 삶을 살아가는 현대인들에게는 숨을 통한 호흡이 아니라 그저 큰 한숨으로 대치되는 것이지요.

숨을 아무리 많이 쉬고 싶어도 숨을 계속 들이킬 수만은 없습니다. 내뱉는 공기가 있어야 다시 들이마실 수 있고 비로소 호흡이 가능해집니다. 우리의 일상도 마찬가지입니다. 아무리 욕심을 부려도 비우지 않고서는 채울 수 없습니다. 습관처럼 내뱉는 한숨은 습관처럼 마음에 무언가를 꾹꾹 눌러 두었기 때문에 나오는 것입니다.

한숨이 아니라 차분한 호흡을 통해 꾹꾹 눌러 둔 마음을 비워 보심은 어떨까요? 한숨이 아닌 '한 숨, 한 숨' 사이에 놓인 자신의 마음자리를 잘 관조해 보십시오. 내 삶이 이

숨 사이에 놓여 있음을 안다면 고통과 번뇌가 내 숨통을 결코 조일 수 없다는 이치도 동시에 깨닫게 될 것입니다.

오
늘
의   알
아
차
림

우리의 마음은
먼지가 쌓인 다이아몬드와 같습니다.
천 개의 면으로 이루어진 다이아몬드가
빛을 발하기 위해서는
그 위에 쌓인 먼지를 닦아 내야 합니다.
수행과 기도를 통해
매 순간 마음의 먼지를 쓸고 닦으면
건강하고 깨끗한 마음을 유지할 수 있습니다.

2장 ○ 현재 자신에게 만족하다

작은 그릇은 작은 데 소용이 된다°

우리에게는 분별심이 있어서는 안 됩니다. 타인의 다른 모습과 성격, 살아온 주위 환경들을 인정해야 합니다. 그 사람에게는 그 사람만의 장점이 있고 개성이 존재합니다. 그러나 우리는 자신의 틀 속에 다른 사람을 가두어 놓고 평가하려고 합니다. 경허 스님의 법문 중에 이런 내용이 있습니다.

"큰 그릇은 다만 소용이 큰 데 쓰입니다. 작은 그릇은 작은 데 소용이 됩니다. 크건 작건 그것들은 각자 그들의 역할이 있습니다. 아무것도 버릴 것이 없습니다. 좋은 목수라면 큰 나무든, 작은 나무든 결코 버리지 않습니다. 어떤 나무든지 잘 사용해야 합니다. 좋고 나쁜 것은 없습니다."

이 세상 모든 존재는 나름대로의 쓸모와 가치가 있는데
우리가 단지 그 효용성을 간과하고 있을 뿐입니다. 있는 그
대로를 인정하면서 함께 어우러져 살아가는 세상입니다.

불행하다는 생각이 든다면°

세상을 살다 보면 행복한 순간을 만날 때도 있지만 예기치 않게 불행이 불쑥 찾아오기도 합니다. 가령 사업에 실패를 한다거나 갑자기 몸에 병이 생겨 고통을 받는 경우입니다. 이럴 때 대부분의 사람들은 자신을 세상에서 가장 불행하고 운이 없는 사람이라고 생각하며 누군가를 원망하기 마련입니다. 하지만 모든 것은 자신이 만든 업의 인연으로 인해 받는 것임을 먼저 생각해야 할 것입니다. 그래야 현재의 업으로 인해 또다시 더 지독한 악연을 만들지 않기 때문입니다.

오늘 내가 세상에서 가장 불행한 사람이라는 생각이 들거든 나보다 더 힘든 사람이 시련을 이겨 내는 모습을 보고 용기를 얻어야 할 것입니다. 용기와 희망이 있다면 세상에 극복하지 못할 것이 없기 때문입니다. 책을 읽는 지금 이 순간만큼은 모두가 아무런 걱정 없이 행복하기를 기원합니다.

높이 나는 새와 낮게 나는 새°

《본생담》〈수탉의 전생 이야기〉에 보면 부처님이 전생에 수탉으로 사셨을 때, 닭을 잡아먹는 매를 훈계하는 장면이 등장합니다. 또《천수경》에는 혼란을 일으키는 마구니를 무찌르고 선을 지키는 보살이 닭의 신, 군다리보살이라고 불립니다. 이처럼 불교와 닭은 많은 관련이 있습니다. 부처님 경전에서뿐만 아니라 여러 선사들의 이야기 속에서도 닭은 자주 등장합니다. 서산 대사가 낮에 닭의 울음소리를 듣고 오도悟道에 이른 이야기도 유명하지요.

닭은 12간지 중 유일한 조류입니다. 닭을 봉황이라 표현하기도 하지만, 제대로 날지 못하는 새인 닭이 12간지 중 하나라는 사실은 흥미로운 대목입니다.

새들은 종에 따라 차지하는 상공의 높이가 다릅니다. 세상에서 가장 높이 나는 새는 '루펠대머리수리'라는 매의 한 종류인데 이 새는 상공 11킬로미터까지 날아오른다고 합니다. 이 때문에 비행기에 가장 많이 부딪히는 새이기도 합니다. 이처럼 독수리, 매 등 육식을 즐기는 새들은 대부분 높은 하늘을 차지합니다. 반면 곤충과 과일을 먹이로 삼는 새들은 가장 높은 나무 그 이상으로는 잘 날지 않습니다. 예외는 있겠지만 작은 먹이를 먹는 새일수록 낮게, 큰 먹이를 먹는 새일수록 높게 나는 경우가 많습니다.

그렇게 따지자면 닭처럼 날지 못하는 새들은 높은 하늘에서는 볼 수 없는 작은 먹이를 먹고 사는 셈입니다. 우리는 높이 나는 새를 자유에 빗대며 선망의 대상으로 삼지만,

새들의 입장에서는 먹이에 따라 삶의 터전이 자연스럽게 나뉠 뿐입니다.

우리 사회도 마찬가지입니다. 자신의 환경이나 처지에 따라 삶의 방식이나 양식이 달라집니다. 높은 창공을 나는 새가 사람의 눈에는 멋있어 보일지 모르겠으나 그 이유는 단지 먹잇감을 잘 보기 위함이고, 큰 날개를 지닌 새는 지상에 가까워질수록 천적에게 노출될 확률이 높아집니다. 그렇기에 그들은 높은 하늘을 택했고 그곳을 터전 삼아 살아가는 것입니다. 높은 창공은 생존을 위한 선택일 뿐입니다. 사람은 구분 짓기를 즐겨 하여 높고 낮음의 분별을 두지만 동물은 그렇지 않습니다.

여러분은 어떻습니까? 혹 낮은 곳에서 힘들게 일하며 살아가는 이들을 낮은 시선으로 바라보지는 않았습니까? 아니면 자신이 높은 곳에 있다고 생각하여 오만을 자처하지는 않았는지요. 반대로 자신이 낮은 곳에 있다고 생각하여 주눅 들지는 않았는지요. 높이 나는 새일수록 긴 날개를 주체하지 못해 지상에서는 가장 연약한 존재가 됩니다. 우리는 각자가 처한 환경에 따라 각자에게 맞는 방식으로 살아 갑니다. 중요한 것은 자신의 터전에서 어떻게 살아가느냐 입니다. 우리는 매일 뉴스에서 사회 지도층의 부조리함을 목격하고 있습니다. 그들 스스로는 창공을 나는 권력자라 생각했을지 모르겠으나 그들 삶의 가치는 한없이 낮고 보 잘것없던 것입니다.

닭은 매일 새벽, 힘찬 음성으로 여명을 밝힙니다. 하늘 을 날지 못하는 새지만 그 어떤 새들보다도 시간을 잘 알 고, 스스로의 역할을 만들어 소신 있는 삶을 선택했습니다. 새의 본질은 하늘을 나는 높낮이가 아니라, 알의 단단한 껍 질을 깨고 나왔다는 초심에 담겨 있는 것은 아닌지 생각해 봅니다.

마음 가득 괴로움을 안고
행복해지기를 바라는 것은
무거운 짐을 내려놓을 생각은 하지 않고
가벼워지기를 바라는 것과 다르지 않습니다.
지금 삶이 힘들고 무의미하다는 생각이 들거든
자신의 마음을 누르고 있는 것이 무엇인지
한번 곰곰이 생각해 볼 일입니다.
현재 일어난 일에 최선을 다하고 그 일을 받아들일 때
더 행복하고 가벼워지는 삶을 살 수 있습니다.

못생긴 나무°

오대산 생활에서 또 하나의 즐거움을 찾는다면 아침나절
에 포행하는 것입니다. 차가운 바람이 얼굴을 가벼이 스치
면 코끝에 와 닿는 신선한 솔바람 향기, 부드럽게 밟히는
흙의 감촉 모두가 즐거움입니다.

무엇보다 오대산의 큰 자랑거리는 전나무 숲길입니다.
나무를 바라보고 있으면 똑같은 모양의 나무는 하나도 없
음을 보게 됩니다. 한 그루, 한 그루의 나무가 조화를 이루
어 숲을 만들고 이 숲이 오대산의 아름다운 풍경을 만들어
냅니다.

사람들의 관계도 이와 같지 않을까 싶습니다. 각자의 다
른 개성을 있는 그대로 인정할 때 관계의 조화로움이 만들

어집니다. 무조건 자기를 낮추는 것이 아니라 상대의 눈높이로 맞추어 갈 때 아름다운 관계가 형성될 것입니다.

장자는 "산을 지키는 것은 잘생긴 나무가 아니라 모두가 쓸모없다고 여겼던 못생긴 나무다"라고 말했습니다. 이 세상은 조화로움으로 완성됩니다.

정말 필요한 물건°

　지금 여러분의 방에 있는 물건 중에서 정말 필요한 물건
은 얼마나 될까요? 정말 필요하고 소중한 물건이라고 말할
수 있습니까? 아마도 물건 하나하나에 많은 추억을 간직하
고 있을 것입니다. 그러나 대부분 몇 번 사용되지도 않고
집안 한곳에 고이 모셔져 있을 것입니다.

　저는 최근에 제 이름으로 등록되어 있는 것이 무엇이 있
는가를 찾아보았습니다. 이리저리 모아 보니 휴대 전화와
노트북이 제가 소유하고 있는 전부였습니다. 모두가 사찰
의 이름으로 되어 있어, 떠나고 나면 전부 나오는 무관한
것들이었습니다. 이 또한 너무 많이 가지고 있음을 실감하
게 됩니다.

본래무일물本來無一物 ―"사람은 본래 아무것도 소유하지 않은 존재"라는 의미의 선어를 다시금 떠올립니다.

꽃길만 걸을 수 있을까?°

　"좋지 않은 일은 어깨동무를 하고서 온다"라는 말이 있습니다. 누구나 공감하는 말일 것입니다. 사실, 이는 마음의 문제입니다. 어떤 문제가 생기면 우리는 일을 해결하기에 앞서 걱정 근심하고 좌절하며 그 일에 온 정신을 빼앗기기 쉽습니다. 그렇기 때문에 다음에 일어날 일에 제대로 대처하지 못하고 불편한 일은 계속해서 일어나는 것입니다.

　인생을 살다 보면 꽃길만 걸을 수는 없습니다. 돌길도 만나고 가시덩굴도 만나고 때로는 위험한 낭떠러지도 만날 수 있습니다. 인생에서 만나는 힘든 고비마다 좌절하고 깊은 상처를 입지 않기 위해서는 꾸준한 수행과 마음챙김이 필요합니다. 피할 수 없는 난관을 만나더라도 고통의 크기는 줄일 수 있기 때문입니다.

고통 없는 삶이 있고, 병이 없는 삶이 있다면 마냥 행복할 것 같습니다. 하지만 이렇게 생각해 보십시오. 고통과 실패가 없다면 진정한 기쁨과 행복과 성공을 경험할 수 없을 것이라고. 오늘 당신에게 가슴에 피가 맺힐 듯한 혹독한 고통이 있었습니까? 그렇다면 그러한 고통에는 반드시 이유가 있을 것입니다.

오
늘
의

알
아
차
림

건강한 사람이 건강의 소중함을 알기는 어렵습니다.
몸이 아프게 되면 그때에야
건강을 돌보지 않은 자신을 원망하고 후회도 해 봅니다.
그렇지만 《보왕삼매론》에 이르기를,
"몸에 병이 없기를 바라지 말라"라고 했습니다.
몸에 병이 없으면 탐욕이 생기기 쉽기 때문입니다.
그래서 무엇이든 넘치기보다 조금 모자라야
그 소중함도 알게 되고
인생을 더욱 값지고 겸손한 마음으로 살 수 있는 듯합니다.

기다리면 답은 찾아온다°

　가을이 깊숙이 오면, 지리산의 바람은 차가움으로 변하고 낙엽은 지난여름의 긴 여정에서 휴식기로 접어들기 위해 자신의 몸을 땅에 떨어뜨립니다. 자연은 한 치의 오차도 없이 지난가을처럼 또 우리 곁에 와 있습니다. 지난날을 돌아보기 참으로 좋은 계절입니다. 기쁜 일들도 있었을 것이고, 누군가를 미워한 날도 있었을 것입니다. 돌이켜보면 그리 큰일도 아닌데 말입니다.

　인생의 갈림길에 이르러 어느 방향으로 가야 할지 확신이 없을 때는 잠시 걸음을 멈추고 기다릴 필요가 있습니다. 그러면 머지않아 우리가 기대하지 않았던 순간에 자연스럽게 문제가 해결될 것입니다. 충분히 인내심을 가지고 기다린다면 좋은 해결책은 반드시 옵니다.

자신에게만 엄격한 당신에게°

    사람들 중에는 자신에게 무척 너그러운 사람이 있는가 하면 스스로를 채찍질하며 가만히 두지 않는 사람이 있습니다. 자신에게 지나치게 너그러우면 자칫 남에게 피해를 줄 수 있고, 지나치게 엄격하면 고단한 삶이 될 수 있습니다. 자기 자신을 사랑하기 위해서는 스스로에게 관대해져야 합니다. 자신에게 관대하다는 것은 스스로 어떤 잘못을 저질렀을 때 너무 자책하지 않고 너그럽게 용서할 줄 안다는 것입니다.

    가장 좋은 소리를 내기 위해 거문고의 줄을 고를 때, 너무 세게 당기거나 너무 느슨하게 두면 안 되는 이치와 같이, 자신을 조율하는 데에도 지혜가 필요한 것 같습니다.

너그럽게 용서할 줄 안다는 것

마음의 줄이 너무 늘어져 있거나 너무 당겨져 있지 않은지
수시로 살펴볼 일입니다.

마음의 병을 치료하는 아주 간단한 방법°

한 노인이 병원을 찾았습니다. 노인은 젊었을 적에 키가 180센티미터가 넘었고 동네에서 제일 멋지고 훤칠한 체구를 가졌습니다. 그는 큰 사고를 겪었을 때도 체질적으로 건강한 몸 덕분에 일찍 완쾌할 수 있었고 그 때문에 자신의 건강에 대해 자신감이 넘쳤습니다.

노인은 의사 앞에서 자신이 앓고 있는 고통에 대해 한참을 쏟아냈습니다. 가슴이 찌를 듯이 아프고, 통증이 자꾸 옮겨 다니며 기침은 도무지 멈추질 않으니 기침을 할 때마다 내장이 다 뒤틀린다고 말입니다. 의사는 한참을 듣다가 상태가 심각한 것 같아 각종 검사를 하고서는 노인을 돌려보냈습니다. 그러고는 며칠 뒤 노인의 며느리를 불렀습니다.

"검사 결과는 모두 정상입니다. 다만 아버님 병은 마음의 병이라, 제가 해 드릴 수 있는 것이 아무것도 없습니다.”

며느리는 의사의 말을 듣고 머쓱하게 병원 문을 걸어 나왔습니다.

사실 노인의 검진은 이번이 처음이 아니었습니다. 늘 아프다는 시아버지의 말씀에 한 달이 멀다하고 온갖 검사를 받았지만 늘 한결같은 결과였습니다. 그리고 결과를 아버님께 알려 드리면 또 같은 대답이 돌아옵니다.

“내 그럴 줄 알았다. 딱 보니까 별일 아닌 것 같더라고.”

참 이상한 일입니다. 노인의 말대로, 자신의 병이 마음의 병임을 미리 알고 있었다면 왜 그토록 통증에 집착했던 것일까요?

그 노인은 단 한 번도 자신의 몸이 노구라는 것을 이해해 본 적이 없었습니다. 건강한 몸이 늙을 리 없고, 굽은 허리는 잠깐 펴지 못하는 것이라 생각했습니다. 옷 사이즈가 115에서 90으로 줄어드는 동안에도 그는 살이 빠졌을 뿐이라 여겼습니다. 노인은 젊은 날 멋졌던 자신을 놓지 못한 채 늙어 가는 자신과 끊임없는 싸움을 벌이고 있었던 것입니다. 그를 고통스럽게 했던 것은 늙어 가는 몸이 아니라, 젊음에 대한 집착이었습니다.

우리의 삶은 끊임없는 집착과 그에 따른 고통의 연속입니다. 노인처럼 자신의 육신에 집착할 수도 있고 돈, 명예, 권력에 집착할 수도 있습니다. 하지만 더 큰 문제는 스스로가 집착하고 있다는 것을 알면서도 놓지 못하는 것입니다. 젊음에 집착하는 노인은 자신의 병이 마음의 병이라는 사실을 알면서도 병원 다니기를 멈추지 못합니다. 또 권력에 집착하는 위선자들은 TV 화면 앞에서는 무죄를 주장하면서도 좁은 심문실 안에서는 자신의 죄를 실토합니다.

놓지 못하는 것은 결국 자신의 집착입니다. 흘러가는 세월 앞에서 늙어 가는 자신의 몸을 인정하면 그만이고, 어차피 털어놓을 잘못이라면 당당하게 털어놓으면 그만입니다. 노인의 마음의 병을 치유할 특효약은 '자신'입니다.

노인뿐만 아니라 우리 모두는 저마다 마음의 병을 앓고 있습니다. 그럴 때는 그저 등불을 걸고 부처님의 등불로 마음을 밝혀, 자신을 치유해 줄 약병을 그 속에서 찾아내시기 바랍니다.

오
늘
의
알
아
차
림

누구나 가끔 과거에 집착할 때가 있습니다.
과거에 자신이 한 결정에 대해 후회를 하거나
과거에 가장 행복했던 한 순간을 기억합니다.
두 가지 다 부질없는 생각임을 알고 있지만
현재 자신의 처지가 만족스럽지 못할수록
그러한 생각을 떨쳐 버리기가 힘이 듭니다.
물론 좋은 기억은 꺼내 볼수록 좋겠지만
그렇지 않은 기억은 잊는 것이 좋습니다.
우리는 지금, 현재를 살고 있기 때문입니다.

가난한 사람이 짓는
너른 마당의 대궐 같은 집°

계절이 변했습니다. 하루하루의 기온이 다르고 바람, 햇살이 비치는 시간까지 같은 날이 하루도 없습니다. 우리의 마음은 어떠한가요? 매일 다르게 변화하는 자연에 맞추어 우리도 새로운 마음으로 살고 있나요?

우리는 늘 행복을 좇아갑니다. 처음부터 순간의 즐거움과 쾌락을 좇는 사람은 없습니다. 처음에는 자신이 좇는 즐거움이 자신의 삶에 꾸준히 머물러 줄 것이라는 믿음을 갖습니다. 하지만 즐거움과 쾌락은 내 삶 안에 오래 머무르지 않습니다.

맛있는 음식을 먹으면 행복한 듯하지만 그 즐거움은 음식이 목구멍으로 넘어가는 순간 사라집니다. 아무리 오랫동안 혀 속에 머무르게 하려 해도 맛이 다하면 위장으로 사라져 버리는 것입니다. 사람은 누구나 행복을 꿈꿉니다. 사라지지 않고 줄어들지도 않으면서 목숨이 다하는 날까지 함께해 주는 행복 말입니다. 뿐만 아니라, 죽음 이후에 극락왕생을 발원하며 윤회가 끝날 때까지 행복을 바라기도 합니다.

어제와 오늘의 날씨가 다르듯 자연과 환경은 매일 변화합니다. 어제 흘렀던 강물은 다시 찾을 수 없고, 어제 불었던 바람을 다시 데려올 수도 없습니다. 하물며 어제 만났던 모든 사람을 어제 봤던 그 자리에서 똑같이 만날 수도 없습니다. 이렇게 모든 것들이 변화하는데 나는 변치 않는 안정적인 행복을 바랍니다. 파도 위에 예쁜 꽃바구니를 올려놓는다 한들 그 자리에 바구니가 여여하게 머무를 수 없습니다. 아무리 밖에서 행복을 찾는다 하여도 변화하는 환경 속에서 그 행복을 혼자 움켜쥘 수는 없다는 얘기입니다.

그래서 안정적인 행복을 얻기 위해서는 그 어느 것에도 휘둘리지 않고 삿된 것에 현혹되지 않을 수 있는 안전 가옥을 만들어 두어야 합니다. 그곳이 바로 마음입니다. 견고

한 땅 위에 튼튼한 건물을 짓는다 한들 수천 년의 세월을 견딜 수는 없습니다. 하지만 마음에는 콘크리트나 나무로 집을 지을 필요가 없습니다. 그래서 세월의 영향을 받지 않습니다. 또 넓은 땅도 필요하지 않으니 가난한 사람도 얼마든지 대궐 같은 집을 지을 수 있습니다. 돈 들이지 않고 집을 짓고 거기에 행복을 넣어 두면 내 육체를 둘러싼 변화하는 모든 것들로부터 영향을 받지 않을 수 있으니 얼마나 좋습니까.

돈, 명예, 권력처럼 밖에서 행복을 찾으려 하지 마십시오. 여러분 마음속에 불교 공부로 지어 놓은 견고한 집 한 채만 있다면 밖으로 구하려고 하지 않아도 행복이 늘 머물러 있을 것입니다.

나이 듦의 즐거움°

인생은 누구나 생로병사, 태어나고 늙고 병들어 죽음에 다다르는 단계를 거칩니다. 그러나 요즘에는 이 말도 바꾸어 말한다고 합니다. '생사고사', 태어나서 사고로 언제 떠날지 모른다는 뜻입니다. 서글픈 마음이 들게 하는 말입니다. 나이 듦의 즐거움, 묵은 삶이 주는 아름다움을 경험하지 못한 채 세상을 떠난다는 것은 슬픈 일이지요. 현대를 살아가는 우리에게 '노년'이란 젊음을 잃고 병들어 가는 과정이 아니라 인생의 숙성기를 거치는 단계라고 할 수 있습니다. 그렇기에 "나는 너무 늙었다"라는 한탄은 행복한 노년을 경험하고 있는 이들이 할 수 있는 말이지요. 그 말은 인생을 완성해 삶을 회향하는 과정을 겪고 있다는 뜻이기 때문입니다.

매해 달력이 넘어가면 한 살이 더해진다는 생각을 하지 않을 수 없습니다. 50대에서 60대로 넘어가는 단 한 살의 차이, 주름이 더해지는 1년이라고 생각하면 나이 들어 간다는 일이 달갑지만은 않습니다. 그러나 누군가에게는 가장 경험해 보고 싶었던 1년일지도 모릅니다. 단 며칠만 더 버티면 인생에 한 살을 보태고 삶을 회향할 수 있었던 사람들도 있습니다. 단 하루, 한 시간이 우리에게는 찰나와 같지만 누군가에게는 가장 바랐던 긴 시간인 것입니다.

그렇기에 살아가고 늙어 가는 일은 슬퍼하거나 아쉬워할 일이 전혀 아닙니다. 자신이 쌓아 놓은 인생을 보다 가치 있게 생각할 필요가 있습니다. 나이를 들먹이며 늙어 가는 몸을 한탄하는 것보다, 내 인생의 가치가 그 시간만큼 더 값진 보석이 되었다고 생각해 보면 어떨까요.

주름을 두고 인생의 훈장이라 합니다. 깊이 파인 주름 사이에는 삶의 이야기가 켜켜이 쌓여 있습니다. 눈 옆에는 곡선이 멋진 눈주름이, 이마에는 태산의 계곡 같은 주름이, 손가락 마디마디에는 빨래판 같은 주름이 지어집니다. 거울을 보면서 한 번쯤 자신의 주름을 자세히 들여다보십시오. 못생긴 주름이 아니라, 지난 세월 삶을 충실하게 잘 살아 낸 흔적을 보며 스스로를 독려해 보심은 어떨까요. 나이가 들어 간다는 것, 늙어 간다는 것은 삶의 여행을 완성해 나갈 수 있는 자들에게 주어진 기회입니다.

삶을 충실하게
잘 살아 낸

당신의 흔적

모든 순간, 기적 아닌 것이 없다°

우리가 매일 마주하는 풍경이 있습니다. 마치 고정되어 불변의 모습인 것 같은 풍경입니다. 몸이 체감할 정도로 따뜻한 봄이 되어서야 꽃이 핀 나무를 발견하고, 잡아 둘 수 없이 흘러가 버린 시간을 뒤늦게 깨닫곤 합니다. 앙상한 가지가 하룻밤 사이에 꽃봉오리를 터뜨리고, 추위에 숨어 있던 개구리가 울음을 터뜨리고 나서야 봄이 왔음을 실감하는 것이지요. 반대로 비바람이 불어 꽃잎을 모두 떨구고 초록 잎만 덩그러니 남겼을 때에야 우리는 봄이 끝났음을 알아차립니다. 꽃이 피기 전에는 꽃봉오리가 나무 끝에 머물러 있었는지, 개구리가 기지개를 켜며 계곡물을 헤집고 다녔을지 우리는 알 턱이 없습니다.

시간은 모두에게 동등하고, 그 작은 변화는 그들 모두에게 기적입니다. 우리는 기적을 굉장히 신비스럽게 여깁니다. 어제까지 말라 있던 가지가 오늘 꽃을 피운 건 기적입니다. 그뿐만이 아니라 봉오리가 아주 미세하게 터지는 일련의 과정이 기적입니다. 우리가 기도를 올리는 것도 이와 같은 마음이어야 합니다. 찰나의 모든 숨결이 기적이라 생각한다면 세상에 기적 아닌 일이 없습니다.

말기 암 환자가 한국인 최초로 국제 사이클 대회 '뚜르 드 프랑스'에 출전해 3,500킬로미터 자전거 종주에 나선 이야기를 다룬 영화가 있습니다. 제목은 〈뚜르: 내 생애 최고의 49일〉입니다. 체육 교사를 꿈꾸며 살아온 건강한 남자 주인공은 스물셋의 젊은 나이에 희귀암 판정을 받습니다. 그에게 살 수 있는 날은 불과 3개월 남짓이었지만 그는 과감하게 그중 49일을 도전을 위한 날들로 정했습니다. 그가 과감한 도전을 하기로 결정 내린 것은 유명한 사이클 선수 랜스 암스트롱의 기적 덕분이었습니다. 암스트롱은 뇌와 폐까지 암이 전이될 정도로 심각한 상태였지만 같은 대회에서 7연패를 달성할 정도로 끈기와 집념을 보여 준 선수입니다. 주인공은 암스트롱의 기적을 보고 용기를 냈습니다. 결론부터 얘기하자면 그는 대회를 완주했고 한국인 최초라는 타이틀까지 얻으며 성공했습니다. 그러나 그는 자신의 이야기를 담은 영화가 개봉되기 전에 숨을 거두었습니다.

영화 속 주인공에게 기적이란 어떤 것이었을지 생각해 봅니다. 비록 암스트롱처럼 완치되지 못해 영화관에서 자신의 이야기를 감상하진 못했으나, 그가 밟은 페달의 회전 수만큼 기적이 일어났으며 그가 지나온 모든 길이 기적의 결과였습니다.

오늘, 여러분의 곁에서 기적을 찾아보라 권하고 싶습니다. 다가오지 않을 미래를 두고 기적을 오매불망 기다리고 있지는 않습니까. 매일 두 무릎으로 부처님 전에 앉아 있을 수 있다는 것, 그것만으로도 기적이며 계단을 오르는 여러분의 걸음걸음이 모두 기적입니다. 소중하지 않은 순간은 세상에 없습니다.

사람의 욕심은 눈에 보이지는 않지만
나름 감당해야 할 무게가 있습니다.
욕심이 많으면 그만큼 생각이 많아지고
욕심이 실린 생각을 지켜 내기 위해
더 큰 고뇌가 다시 생겨나기 때문입니다.
반면 욕심이 없는 사람은
감당하고 지켜 내야 할 것이 없으니
걱정과 근심이 없습니다.
그래서 욕심을 버리고 가볍게 사는 것이
행복하게 사는 방법입니다.

억지로, 내 마음대로°

가끔 하고 싶은 일이 있는데 상황이 여의치 않을 때가 있습니다. 이럴 때 한발 뒤로 물러서서 잠시 멈추고 관조하는 사람이 있는가 하면, 어떠한 희생을 감수하더라도 무작정 밀고 나가는 사람이 있습니다.

《108자재어》에서 성엄 스님이 이르기를 "산이 돌지 않으면 길을 돌리고 길이 돌지 않으면 사람이 돌아가고 사람이 돌아갈 수 없으면 마음을 돌려라"라고 했습니다. 여러분은 평소 어떠한 선택을 하는지 생각해 보시기 바랍니다. 무슨 일이든 억지로 하면 문제가 생기기 마련입니다. 마음을 돌리는 것, 참으로 실천하기 어렵습니다. 하지만 행복한 삶을 살기 위해서는 반드시 필요한 실천입니다.

아무리 원하는 일이 있다 해도 시절 인연을 만나야 비로

소 이루어지는 것이 삶의 이치입니다. 그러므로 오늘 우리
가 해야 할 일은 좋은 인因을 많이 심는 일입니다. 좋은 인
을 많이 심어 놓고 때를 기다리면 당신을 위한 연緣의 꽃이
활짝 필 날이 있을 것입니다.

순응해도 괜찮다°

    로키산맥 해발 3,000미터 높이에 수목 한계선이 있습니다. 이 지대의 나무는 너무나 매서운 바람 때문에 곧게 자라지 못하고 마치 사람이 무릎을 꿇고 있는 듯한 모습을 한 채 서 있습니다. 눈보라 속에서 생존을 위해 무릎을 꿇고 사는 삶을 배워야 했던 것입니다. 그런데 세계적으로 가장 맑은 소리를 내는 명품 바이올린은 바로 이 '무릎 꿇은 나무'로 만든다고 합니다.

    우리 인생도 자연과 마찬가지인 것 같습니다. 온갖 매서운 바람과 눈보라 속에서 순응하는 법을 배우며 제각기 삶을 연주하며 살아가고 있습니다. 바람이 불어 오면 반대 방향으로 고개를 돌리면 됩니다. 인생은 긴 여정입니다. 우리

에게는 항상 열려 있는 문들이 있음을 생각하고 지혜롭게
살아야 할 것입니다. 꽉 맞추어진 삶의 틀로 자신을 구속하
지 마시기 바랍니다.

평범함과 특별함, 관심과 무관심의 함정°

부처님께서는 악행을 저지르던 차나 비구에게 '범법의 벌'을 내릴 것을 말씀하셨습니다. 범법의 벌이란 차나 비구에게 아무 말도 하지 않으며, 좋다고 말하지 않고, 나쁘다고도 말하지 않는 것입니다. 악행을 저지르는 비구에게 내린 극약 처방은 바로 '무관심'이었습니다. 우리는 누군가에게 늘 관심 받기를 원합니다. 그렇기에 아무도 관심 가져주지 않는 것은 크나큰 두려움이자 형벌이 될 수 있습니다.

한 심리학자는 아이들이 저지른 비행 중 90퍼센트 이상이 관심을 유도하기 위함이라고 설명했습니다. 다소 비관적이기는 하지만 착한 행동보다는 나쁜 행동이 관심을 더 많이 유발할 수 있기 때문에 끊임없이 악행으로 본인을 알린다는 것입니다.

아이들뿐만 아니라 어른들도 마찬가지입니다. '평범한 사람'이 되길 바란다고 하면서 정작 누군가가 자신의 삶을 '평범'하다고 평가하는 것에 대해서는 탐탁지 않아 합니다. 다른 사람의 시선을 신경 쓰고, 남들과 비교하여 나의 위치를 정하곤 합니다.

여러 사람이 함께 살아가면서 '관심'과 '무관심'은 인간관계를 결정짓고 자신을 판단하는 중요한 요소가 되고 있습니다. 관심 속에 행복하다가도 무관심 때문에 괴로움을 겪기도 하는 것입니다. 그러나 관심에 대해 조금 다르게 생각해 볼 필요가 있습니다. 다른 사람의 관심은 필요로 하면서 정작 '나'에 대한 관심은 얼마나 가졌는지 말입니다. 나의 향기와 나의 색 그리고 나의 본성에 대해 잘 알지 못한다면 남들의 관심은 아무 쓸모가 없습니다. 다른 향기만 좇지 말고, 내 안의 꿈결같이 아름다운 향을 맡아 보는 것은 어떨까요.

오
늘
의

알
아
차
림

어렸을 때 겨울이면 보리밟기를 했던 기억이
새록새록 떠오릅니다.
그때 어른들이 늘 하던 말이 생각납니다.
겨울 날씨가 추워야 보리농사가 잘된다고요.
겨울이 따뜻하면 보리가 웃자랄 뿐만 아니라
병해충이 월동하여 그해 농사를 망칠 수가 있기 때문입니다.
자연의 섭리와 질서에는 그만큼의 이유가 있습니다.
그렇기에 생의 겨울을 피하지 말고 자연스럽게
받아들이는 자세가 필요한 것 같습니다.
인고의 세월을 견디어야 매화 향기가 짙어지듯
우리들 또한 추위를 이겨 내야
보다 건강해지고 강인해집니다.

생각과 망각 그리고 자각°

해마다 봄이 되면 아이들은 새 학교에 진학하거나, 새로운 계획을 세웁니다. 아이를 둔 어른이라면 아이들의 성장에 발맞춰 준비할 거리가 늘어나는 시기이고, 아이가 없는 어른들은 1년만큼의 책임감을 더 갖게 되는 시기이기도 하지요.

무언가를 준비하는 시간은 많은 생각을 필요로 합니다. 실행에 옮기기 전 예상되는 문제를 미리 고민하기도 하고, 또 잘 되었을 때 어떻게 될까 생각하며 기분 좋은 상상을 하기도 합니다. 마치 소풍 가기 전날 밤과 같지요. 내일 비가 오지는 않을까 걱정도 하고, 그러다 보면 친구들과 맛있는 김밥을 먹으며 재미있게 시간을 보낼 모습을 상상도 합니다. 밤늦도록 생각이 생각의 꼬리를 물다가 다음날 지각하는 일도 예사지요.

우리는 아무런 거리낌 없이 사는 사람을 보고 생각 없이 산다고 비난하기도 하고, 신중한 사람을 보며 생각이 깊다고 말하기도 합니다. 그러나 안타깝게도 사람은 망각이라는 고질병을 안고 태어났습니다. 생각을 금세 잊어버리는 것입니다. 몇 시간 동안 하나의 생각에 매진하다가도 상황이 바뀌면 그 전까지 하고 있던 생각을 잊어버립니다. 단순히 짧은 시간의 생각만을 말하는 것은 아닙니다.

혹시 여러분은 1월의 다짐을 그대로 실천하고 있는지요? '나는 1년 동안 무엇을 하고 살아야 하나', '무엇을 위해 정진해야 하나' 고민하셨을 겁니다. 그러나 세 달 정도가 지난 후에는 그 다짐을 얼마나 기억하고 실천하고 계신

지요. 생각은 그토록 빨리 지워지고 잊히는 것입니다. 어떤 일을 도모할 때 신중한 생각은 반드시 필요합니다. 그러나 순간을 모면하기 위한 생각은 금세 망각을 만나 힘을 잃고 맙니다.

깨달음이라는 것은 누군가가 대신 주는 것이 아닙니다. 깨달음은 '자각'입니다. 스스로를 깨우는 것입니다. 수많은 생각을 반복하고 망각을 되풀이하는 일은 깨달음이 아닙니다. 생각이 꼬리를 물면 잡념이 됩니다. 하지만 자각은 다릅니다. 선행을 하면서 머릿속으로 '나는 착한 사람이다', '누군가 나를 칭찬해 줄 거야'라고 생각하면 그 행동은 오래 가지 못합니다. 그러나 스스로 선행을 하고 있다고 생각하지 못할 정도로 선행을 한다면 그 선행은 오래갑니다. 그 행동은 생각을 떠나 스스로의 자각이 이루어 낸 실천이기 때문입니다. 생각을 깊이 하고 행동을 신중히 하여야 합니다. 하지만 생각이 곧 망각으로 이어지지 않도록, 자신의 생각이 행동으로 이어지도록 자각하는 자세를 지니기 바랍니다.

시간은 또 다른 나°

누군가 저에게 묻습니다. "산속에 사는 즐거움이 무엇입니까?"라고. 저는 그저 빙긋이 웃을 수밖에 없습니다. 왜냐하면 산속에 사는 즐거움이 너무 많아 어느 하나만 이야기하기에는 부족하기 때문입니다.

아침 공양을 한 후에도 겨울 지리산은 어둠 속에 묻혀 있습니다. 한가한 날은 어둠 속을 헤치며 사찰 뒷산의 토굴까지 포행을 하고 또 어떤 날은 금당까지 솔바람과 개울물 소리를 들으며 천천히 걷습니다.

시간은 또 다른 나입니다. 나와 무척 닮아 있습니다. 내가 바쁘다고 헐떡이면 시간도 함께 헐떡이며 따라옵니다. 내가 좋은 일을 하면 좋은 시간이 옵니다. 내가 천천히 걸으면 시간도 천천히 갑니다.

오늘은 비가 온다고 하니 저도 천천히 쉬어 가며 산에 사는 즐거움을 누려 보렵니다.

은사 스님의 혜안°

추운 겨울을 뚫고 피는 아름다운 매화를 바라보니 옛 생각이 납니다. 강원의 학인 시절 때 방학이 되면 항상 은사 스님께서 계신 사찰에 왔더랬습니다. 방학 동안의 생활은 늘 울력으로 보낸 날들이었지요.

방학 동안 울력을 하면 은사 스님은 꼭 보시금을 주셨는데, 그 보시금으로 강원 생활에 필요한 책을 사고자 하는 저 나름의 계획이 있었습니다. 방학을 마치고 해인사로 가기 전에 인사를 드리면 은사 스님께서는 항상 보시 봉투를 건네 주셨습니다. 차마 그 자리에서 열어 보지 못하고 일주문을 벗어나 열어 보면 늘 저를 실망시키는 금액이 들어 있었습니다. 그것도 5년간 변함없는 금액이었습니다.

세월이 흘러 은사 스님과 얘기를 나누던 중 은근슬쩍, 그

때 보시금이 너무 적어 매번 힘들었다고 얘기를 드렸더니 스님께서는 "돈이 적다 보니 다른 생각 하지 않고 오늘날 이 자리에 있지 않느냐…"라고 하시는 게 아닙니까. 은사 스님의 깊은 혜안에서 배우게 됩니다.

우리가 만나는 사람들 중에는
가진 것이 없어 초라한 사람이 있는가 하면,
반대로 넘쳐 나는 풍요로 인해
화려해 보이는 사람이 있습니다.
모두들 풍요롭고 여유로운 삶을 꿈꾸지만
그리 쉬운 일은 아닌 듯합니다.
사람은 저마다 그릇이 다르기 마련입니다.
그래서 자신의 근기와 역량 속에서
만족할 줄 알아야 합니다.
자신의 그릇보다 더 많이 채운다고 하더라도
결국은 넘치고 말 것이기 때문입니다.
만족이 가장 큰 행복입니다.

3장 ○ 바로

지금 하다
로

산새들은 먹을 것을 쌓아 두지 않는다°

어제는 종일 비가 내렸습니다. 제법 많은 양이 내린 덕에 절을 감싸 흐르는 계곡의 물소리가 어제보다 조금 더 크게 들립니다.

산에 살다 보니 많은 산새들을 만나게 됩니다. 비가 내리는 날이라든지 눈이 오는 날, 산새들은 배가 더 고픕니다. 대웅전 앞마당까지 내려오는 산새들을 보고 있으려니 우리 인간들이 그들의 겨울 양식까지 가져오지 않았나 하고 반성하게 됩니다. 예전에는 가을날 떨어진 도토리를 남겨 두고, 까치밥이라고 하여 홍시를 남겨 놓기도 했지만 요즈음은 그런 광경조차 보기 힘들게 되었습니다.

산새들은 겨울에 먹을 양식이라고 해서 결코 모아 두거나 쌓아 두지 않습니다. 그래서 먹이를 찾아 온 산을 찾아 다닙니다. 산새를 통해 나를 관조해 봅니다. 나는 어떤 것을 필요 이상으로 쌓아 놓고 오늘을 살아가고 있지는 않은지 말입니다.

성실하게 쌓은 행복°

저의 은사이신 고산 큰스님께서는 혜원정사에 머무르실 때면 늘 도량을 살피십니다. 호미를 들고 대웅보전 앞의 잡초를 뽑으면서 마치 어린아이를 돌보듯 도량을 정성스럽게 가꾸십니다. 그러한 스님의 마음으로 자란 꽃이 도량을 장엄하는 장엄구이자 마음을 향기롭게 하는 법향이 됩니다. 도량의 나무와 꽃들은 한해살이를 제외하고는 모두 수령이 제법 오래된 것들입니다. 키가 1미터도 안 되던 동백나무가 무수한 꽃을 피워 내고, 등나무는 제법 둥치가 굵어져 자신이 의지하여 자라난 기둥보다 더 단단하게 자리 잡았습니다. 모두 시간과 정성으로 일군 보물입니다.

문득 기도에 대해 생각해 봅니다. 기도를 할 때 마음에 여러 가지 서원을 세우겠지만, 분명 자신이 당면한 상황에 따라 바라는 마음도 달라질 것입니다. 수험생을 둔 부모라면 자식의 시험 합격을, 사업을 하는 분이라면 이번 프로젝트가 잘 성사되기를 바라는 마음으로 기도를 올립니다. 어떤 기도든 간절하지 않은 마음으로 올릴 리는 없겠지만, 그 마음에 성실함도 더해져야 함은 물론입니다.

가끔 기도를 통해 얻을 바를 얻은 사람의 이야기를 듣습니다. 그들 중에서는 수십 년 동안 기도하여 가피를 입은 사람도 있지만, 단 며칠의 기도만으로 원하는 바를 성취하는 분들도 있습니다. 많은 사람들이 후자를 부러워할 겁니다. 만일 누군가에게 같은 가피를 주면서 30년 기도를 하겠느냐, 3일 기도를 하겠느냐고 묻는다면 대부분 3일 기도를 택할 것입니다. 결과가 같다면 쉬운 길을 택하는 것은 당연하니까요.

우리가 목적지를 향해 갈 때 길은 여러 갈래입니다. 한참을 둘러 가는 길이 있는가 하면 빨리 갈 수 있는 지름길도 있습니다. 길을 몰라서 둘러 가는 이도 있지만 일부러 그 길을 택하는 사람도 있습니다. 그 이유는 시간과 노력이 주는 가치를 알기 때문입니다. 지름길로 가면 시간은 벌지 모르겠으나 가는 길의 풍경 그리고 사색을 즐길 여유는 놓치기 십상입니다.

혹자는 법당에서 수십 년간 매일 기도하는 이를 보며 '이뤄지지도 않을 기도를 왜 하는가?' 하고 의문을 품을지 모르겠습니다. 그러나 그들의 신심은 가피에 목적을 두지 않습니다. 기도하는 과정 속에 자신의 마음을 닦는 공부를 하는 것입니다. 성실하게 쌓아 올린 기도는 가피의 유무에 따라 실패하고 성공함이 없습니다.

빨리 얻고 쉽게 얻는 것에 익숙해지기 쉬운 시대입니다.

느리지만 성실하게, 긴 시간 보살핌과 자연의 순리 속에 덩치를 키우고 더 향기로운 꽃을 맺는 아름다운 나무들처럼, 묵묵하게 자신을 키우기 바랍니다.

불운 속에서 자신을 돌아보다°

세상을 살다 보면 행복한 순간을 만날 때도 있지만 예기치 않게 불행이 불쑥 찾아오기도 합니다. 가끔은 억울한 일을 당할 때가 있습니다. 자신과 전혀 상관없는 일에 얽혀 낭패를 당하기도 하고 좋은 마음으로 행한 일이 도리어 자신을 힘들게 만드는 경우도 있습니다. 이럴 때 대부분의 사람들은 자신의 결백을 주장하며 화를 내거나 원망할 사람을 찾게 됩니다.

하지만 가만히 생각해 보면 나의 의사와 전혀 상관없는 일은 일어나지 않는다는 것을 깨닫게 됩니다. 그래서 어떤 부당한 일을 당했을 때 화를 내거나 남을 원망하기 전에 스스로를 점검해 보는 것이 먼저입니다. 모든 일은 자신이 만든 업의 인연으로 인해 받는 결과임을 먼저 생각해야 할 것입니다. 그래야 현재의 업으로 인해 또다시 악연을 만들지 않기 때문입니다.

'수도거성水到渠成'이라는 말이 있습니다.
물이 흐르면 자연히 개천을 이루게 된다는 뜻으로
학문을 열심히 닦으면 스스로 도를 깨닫게 된다는 의미입니다.
이렇듯 어떤 일에 조건이 갖춰질 때
일은 자연스럽게 성사됩니다.
그러니 당신도 당신이 할 수 있는 최선의 노력을
순수하게 계속해 나가십시오.
그렇게 하면 물줄기가 도랑을 만들듯
언젠가 당신의 인생도 반드시 열리게 될 것입니다.

마음에 선업의 싹 틔우길°

여전히 새벽은 한겨울을 벗어나지 못했습니다. 차가운 냉기가 곳곳에 서려 연못이나 웅덩이에는 하얀 얼음이 맺혀 있습니다. 그래도 한낮이 되면 따뜻한 기운이 퍼져 벌써 봄이 왔구나 하는 생각이 듭니다. 그 햇살을 바라보고 있노라면 이제 한 해가 시작된다는 사실이 실감납니다.

연말과 정초에는 기도가 많습니다. 동지기도부터 시작해 정초기도, 입춘삼재소멸기도까지 말입니다. 하지만 이들을 잘 살펴보면 모두 다 같은 맥락에 있습니다. 과거의 업장을 소멸하고 새해의 좋은 기운을 발원하는 기도입니다. 또 이 기도가 다 끝나면 정초방생법회를 열게 됩니다. 예부터 불가에서는 방생은 적극적으로 선행을 베푸는 일이라 하여 권장해 왔습니다. 특히 《금광명경金光明經》에 따르면 유수장자가 두 아들과 함께 큰 연못을 지나다가 물이 말라 죽어 가는 물고기를 보고 두 아들과 함께 물을 계속 날라 물고기들을 살려 냈다는 대목이 나옵니다. 유수장자가 물고기를 살려 낸 후 이 인연 공덕으로 물고기들을 제도해 도리천에 태어나게 했는데, 이를 두고 방생의 공덕이라 할 수 있습니다.

하지만 자칫 방생이 복을 기원하는 행위로 이해되어서는 안 됩니다. 입춘에 방생을 하는 이유는 한 해의 선업을 닦겠다는 의미로서, 산 생명을 죽이지 않고 불살생계를 실천하며 살겠다는 서원을 올리는 것입니다. 물론 거기서 그쳐서도 안 됩니다. 물고기를 바다에 풀어 주는 것만이 방생은 아닙니다. 주변의 이웃을 둘러보며 나의 자비심을 필요로 하는 곳에 따뜻한 손길을 전하는 것도 방생입니다. 또 배려하는 마음으로 남을 돕는 행위도 방생입니다. 방생의 참뜻을 새기는 청정한 마음이 자라나기 바랍니다.

편한 쪽으로만 흘러가지 않기°

물은 높은 곳에서 낮은 곳으로 흐르는 것이 자연의 순리입니다. 사람도 마찬가지로 조금만 방심하면 마치 물이 산에서 강으로 흘러가는 것처럼 편한 쪽으로 흘러가 버리기 쉽습니다.

수행자가 깊은 산중에서 홀로 수행 정진하는 토굴을 본 적이 있을 것입니다. 혼자서 생활하니 수행뿐 아니라 청소, 공양도 제대로 하지 않으리라 생각할 것입니다. 그런데 토굴은 언제나 단정하고 깨끗합니다. 청소하고, 공양하고, 군불을 지피는 것도 수행의 일부분이기 때문입니다.

단정한 모습과 불필요한 장식이 없는 수행자의 처소. 공간은 그 사람의 마음 상태를 비추는 거울과도 같습니다. 깔끔하게 정돈된 공간에 사는 사람은 마음도 잘 정돈되어 안정적이며 자신이 하고 싶은 일, 해야 하는 일이 무엇인지 잘 압니다. 정돈된 공간은 그 사람의 행동을 완성시키고 생활을 통제할 수 있게 합니다. 불필요한 것들을 하나씩 치우지 않는다면 당장은 편할지 모르나, 마음을 정리하고 안정시키는 데는 도움이 되지 않을 겁니다.

편한 쪽으로 흘러가는 자신을 멈출 수 있는 것은 오로지 자기 자신뿐입니다. 지금 이 순간의 행동이 곧 전부임을 알기를 바랍니다.

이 순간의 행동이
곧 전부임을 알기를

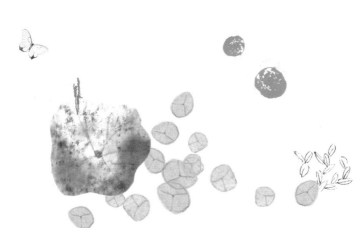

행복幸福을 구하려면 행복行福 해야 한다°

문수보살이 법수보살에게 이렇게 물었습니다.

"보살님, 불법을 듣는 것만으로는 번뇌를 끊을 수 없습니다. 불법을 들어도 여전히 탐욕을 일으키고 성내는 마음을 내며 어리석은 생각을 갖고 있습니다. 왜 불법을 듣는 것만으로 탐진치 삼독이 제거되지 않는 것일까요?"

법수보살은 이렇게 대답했습니다.

"문수보살님, 다만 듣는 것만으로는 불법을 알 수 없기 때문입니다. 예를 들면 맛있는 음식이 아무리 많이 있어도 입으로 먹지 않으면 굶어 죽는 것과 같고 온갖 약을 알고 있는 의사일지라도 스스로의 병은 고치지 못하는 것처럼 진리는 절대 듣는 것만으로 얻어지는 것이 아닙니다. 또 가난한 사람이 밤낮으로 남의 돈과 보물을 헤아려도 자신에

게는 한 푼도 없는 것과 같고 맹인에게 멋있는 그림을 보여
주어도 보지 못하는 것과 같으며 물속에 떠다니면서도 물
을 마시지 못해 목말라 죽는 사람처럼, 불법은 듣는 것만으
로 공부가 되는 것이 아니라 스스로 실천이 필요합니다."

《화엄경》중 〈보살명난품〉에 나오는 말씀입니다. 사람들
은 행복해지기 위해 수많은 법문을 들으러 다니고, 경전을
들여다보기도 하며 행복한 사람들에게 비법을 묻기도 합니
다. 하지만 백번 들은들 듣는 것만으로 행복해지기란 어렵
습니다. 법수보살님의 말씀처럼, 자신이 실천하지 않으면
백날 좋은 법문을 들어도 공부로 이어지지 않듯 말입니다.
불자로서의 삶에 비추어 행복해질 수 있는 한 가지 노하

우는 먼저 행복行福 하는 것입니다. 이는 자신의 불도를 먼저 닦아 다른 이를 이끌어 포교하는 일입니다. 단순히 불교를 믿으라는 전도의 개념이 아니라 스스로 잘 닦인 모습을 먼저 보이는 것이 행복行福의 시작입니다. 벼는 익을수록 고개를 숙이기에 누가 봐도 고개 숙인 벼를 보면 알곡이 영글었음을 알 수 있습니다. 또 사과는 푸른빛이었다가 과육이 단단해지고 달아지면 붉은색으로 성숙을 알립니다. 사람의 내면도 마찬가지입니다. 열 길 물속은 알아도 한 길 사람 속은 모른다 했지만, 우리 주변을 살펴보면 내면이 무르익은 이들은 겉으로도 그 분위기가 드러남을 알 수 있습니다.

잘 익은 과일을 보면 누구나 탐낼 수밖에 없습니다. 경계해야 할 점은, 사과의 붉은색이 아름다운 덕이 아니라 그 안의 과육이 충분히 익었음을 알기에 탐내는 것임을 알아야 합니다. 아무리 화려하게 겉을 치장하고 말로 꾸민다 해도 내면의 미성숙함을 가릴 수는 없습니다.

행복한 삶을 살기 위해 먼저 행복行福을 지으라는 말은 불도를 닦아 불법으로 성숙한 향기를 낼 줄 아는 사람이 되어야 한다는 말씀입니다. 간절히 기도하고 공부함은 불자가 신행 하는 모습입니다. 매일 행복行福을 짓는 이에게 행복이 따르지 않을 리가 없겠지요. 매일, 매 순간 행복한 찰나가 되기 바랍니다.

오
늘
의

알
아
차
림

선에는 '한 호흡을 산다'라는 말이 있습니다.
'우리 인생에서 호흡 한 번 하는 지금 이 순간만이 진실이다.
그러니 온 힘을 다해 지금을 살아라'라는 의미입니다.
봄에 씨앗을 뿌리지 않으면
아무리 기다려도 열매를 맺지 않는 것이 자연의 순리입니다.
이 세상에는 과거도 미래도 존재하지 않습니다.
과거와 미래는 우리 머릿속에만 존재하는 것입니다.

마음을 닦고 조이는 사람°

절에서 가장 큰 행사인 부처님오신날이 지나고 보니, 분주했던 시간이 끝나고 조금이나마 여유를 느껴 볼 때가 온다 싶습니다. 집안일을 하는 주부에게는 가사를 모두 마친 후에 느끼는 평화로움이, 일을 하는 사람에게는 업무를 마치고 느끼는 잠깐의 여유로움이 있습니다. 이 시간들은 다음을 준비하고 기약하는 에너지를 만드는 긍정적인 재료가 됩니다. 숨을 쉴 때도 몸에 공기가 필요하다고 해서 계속 숨을 들이마시기만 할 수 없고 내뱉는 숨이 있어야 호흡이 가능하듯이 말입니다. 요즘은 쉬어 가기 참 좋은 시기가 아닌가 싶습니다.

이 계절에는 조용한 곳에서 차 한 잔 마시며 대화를 나누기 좋습니다. 사람들을 만나 긴 대화를 하다 보면 사람마다 느껴지는 에너지가 다릅니다. 맑고 순수한 마음을 가지고 있는 사람과 이야기하고 함께하면 대화를 나누는 그 시간에 전혀 지침이 없습니다. 하지만 부정적인 기운을 갖고 있는 사람과 대화를 하다 보면 스스로 피곤함을 느낄 때가 많습니다.

처음 만난 사이인데도 대화가 술술 풀리는 사람이 있는 반면 여러 번을 보아도 대화의 맥이 끊기는 사람이 있습니다. 또 말을 잘하는 사람임에도 귀에 말이 들어오지 않고, 말을 못하는 사람이라도 몇 마디 말이 귀에 잘 들어올 때가 있습니다. 시내 중심가를 둘러보면 스피치 학원이 들어선 것을 볼 수 있습니다. 말을 더 잘하기 위한 방법을 알려 주는 곳입니다. 하지만 아무리 말을 수려하게 한다 해도 좋은 에너지를 갖고 있지 않다면 큰 효과를 거두기 힘듭니다.

그렇다면 좋은 에너지란 어떻게 만들어질까요? 에너지는 바로 '마음'입니다. 순수하고 긍정적인 생각을 가진 사람과 대화를 하면 나 역시 긍정적인 기운에 즐거운 대화를 이어 나갈 수 있습니다. 하지만 부정적인 생각을 가진 사람과의 대화는 어렵습니다. 긍정적인 생각을 가진 사람은 "좋아, 돼, 맞아"라는 단어를 무의식적으로 많이 사용합니다. 반면 그렇지 않은 경우에는 "싫어, 안 돼, 틀렸어"라는 단어를 많이 사용하겠지요.

함께 밥을 먹다가 "아, 배부르다" 하고 혼자 밥상을 물리는 사람이 있습니다. 반면 배가 불러도 배부르다는 말 없이 조용히 자리를 지키는 사람이 있습니다. 둘 중 함께 식사를 하고 싶은 사람은 누구입니까?

대화는 결국 표현입니다. 표현은 마음을 겉으로 드러내는 일을 말합니다. 부정적인 마음을 가진 사람에게서는 부정적인 표현이, 긍정적인 마음을 가진 사람에게서는 긍정적인 표현이 나오는 것입니다.

우리는 마음은 가슴에 있고 눈으로 볼 수 없다고 생각합니다. 하지만 나의 말을 통해 다른 사람은 내 마음을 먼저 들여다볼 수 있습니다. 그렇기 때문에 남에게 부끄러운 나의 마음을 들키지 않기 위해 마음을 더 예쁘게 다듬어야 할 필요가 있는 것입니다. 예쁜 마음을 보여 주는 것은 전혀 부끄럽지 않습니다. 마음을 닦고 조이지 않으면 언젠가는 녹이 슬기 마련입니다. 사물을 관찰하듯이 항상 자신의 마음을 들여다보고 움직임을 살펴보시기 바랍니다.

가을의 지혜°

오곡이 무르익을 무렵에는 들녘을 바라보며 나를 돌아보지 않을 수 없습니다. 여러분은 가을을 맞아 거둬들일 양식이 충분하신가요? 양식이 충분하다는 말은 지난 계절 내내 마음을 두고 가꾼 대상이 있다는 말이고, 충분치 않다면 제대로 돌보지 못한 탓이겠지요.

우리나라는 사계절이 뚜렷하기 때문에 겨울을 위해서 가을에 준비를 충분히 해야 합니다. 그렇기 때문에 조상들은 가을에 추수를 해서 그 양식으로 겨울을 버티고, 다시 다음 겨울을 준비하기 위해 노력을 기울여야 했습니다.

사실 요즘은 먹거리가 다양해 쌀이 없더라도 겨울에 어려움을 겪을 일은 없습니다. 이제 굶어 죽는 일은 우리나라에서도 뉴스거리로 삼을 만큼 드문 일이 되어 버렸지요. 하지만 마음이 공허하고 허전해서 스스로 생을 포기하는 사람들은 많습니다. 실상 배를 불리기 위한 준비가 아니라 마음을 불리기 위한 준비가 필요한 이유입니다.

여러분 마음의 곳간은 얼마나 채워졌습니까? 지난 시간, 자기 마음을 다독여 주는 데 게으르지는 않았는지 스스로를 반조해 보십시오. 손가락만 한 작은 모가 가을에 수백 알의 알곡으로 여물기까지 농부의 손길이 닿았듯, 자신의 마음도 그만큼 눈여겨보고 다듬어 주었는지를 말입니다. 가을의 양식이 충분치 않으면 겨울을 날 수 없듯, 지금의 지혜가 없다면 고苦를 이겨 낼 수 없습니다.

이제 지난날 동안 나의 양식이 얼마나 모였는지 점검해 볼 때입니다. 행여 곳간이 텅텅 비어 있다 할지라도 부끄러워하지 마십시오. 지금이라도 이듬해 심을 튼실한 씨앗을 구하기 위해 경전과 부처님 말씀에 귀를 기울인다면, 좋은 소식을 만날 수 있을 것입니다.

삶의 줄타기°

　겨우 손가락 두 개 남짓한 넓이의 좁은 줄에 올라 줄타기를 하는 광대를 본 적이 있나요? 인생도 마치 그와 같습니다. 고통과 기쁨의 가운데에서 끊임없이 균형을 유지하다 한쪽으로 쏠리면 기쁨, 반대쪽으로 쏠리면 고통을 맛보는 것입니다. 휘청거리는 사이에 고통이 그리고 허우적대는 사이에 기쁨이 있습니다.

　이처럼 삶은 어쩔 수 없이 흔들리는 줄 위에 올라서 있습니다. 누군가는 기쁨과 고통을 오가며 작은 기쁨에 안주하고, 누군가는 또 작은 고통에 괴로워하며 지낼 것입니다. 그러나 이 기쁨과 고통이 중요한 목적지는 아닙니다. 좁은 줄에서 벗어나기 위해서는 그 양쪽 어딘가로 향하는 것이

아니라, 앞으로 나아가야 합니다. 불법을 믿는 우리에게
있어 그 목적지란 성불일 것입니다. 불법을 믿는 우리에게
있어 줄은 그저 하나의 길일 뿐입니다.

오
늘
의

알
아
차
림

집착은 뜨거운 불과 같다고 합니다.
내려놓지 않으면 그 뜨거움이 자신을 태울 수 있는데도
쉽게 내려놓지 못하고 고통 속에서 괴로워합니다.
집착은 마음이 하는 일이라 내려놓기가 태산처럼 어렵다가도
한 생각 돌려 내려놓으면 금방 자유로워질 수 있습니다.
누구나 근심 걱정을 지니고 있을 것입니다.
가볍고 무거움의 차이는 있겠지만
당사자에게는 태산같이 느껴지겠지요.
하지만 이는 집착 때문일 수 있음을 생각해 보십시오.

순간의 나를 정화시키는 기도°

우리는 의식적이든 무의식적이든 현재를 과거와 비교하는 습관이 있습니다. 객관적인 측정이 아니라 비교를 통해 상황을 받아들이는 것입니다. 하지만 뇌가 기억하는 상황과 실제 상황은 다릅니다. 작년에 먹은 과일과 올해 수확한 과일의 당도가 같다고 해도, 우리의 머릿속은 두 과일을 수평 저울 위에 올려놓고 어느 한쪽을 내리거나 올립니다. 자연스럽게 지난해보다 어떻다는 말이 나오는 것이지요.

습관적으로 하는 이런 말에 삶을 바라보는 우리의 태도가 담겨 있습니다. 우리의 몸은 어제와 오늘이 전혀 다른 몸입니다. 시시각각으로 몸 안의 세포는 죽고 태어나기를 반복합니다. 숨을 쉬고는 있지만 몸 안에는 죽음과 삶이 교

차하고 있는 것입니다. 그렇기 때문에 어제의 나와 오늘의
나를 완전히 동일하게 볼 수는 없습니다. 여러 사상과 종교
에서는 '나'라는 존재를 우수하게 만들기 위한 과정을 설명
합니다. 서점에서는 성공하는 비법에 관한 여러 지침서가
불티나게 팔리고 있습니다. 미래의 '나'를 만드는 방법 그
리고 과거의 '나'를 이야기하며 극복하는 것을 마치 훌륭한
사상인 것처럼 그럴싸하게 포장하고 있습니다. 그렇기 때
문에 사람들은 과거의 나를 끄집어내 아파하고 미래의 나
를 불러내 불안해하는 것입니다. 이것이 불교에서 말하는
'업'입니다. 업은 세세생생 내려오기도 하지만 당장 현생의
삶에서 스스로 만들어 내는 것이기도 합니다. 지나간 과거
는 지나간 몸에서 일어난 일입니다.

미래는 아직 만들어지지 않은 몸에서 생길 일입니다. 현재의 '나'가 자유로워지기 위해서는 과거의 업을 끊고, 미래로 이어지는 업의 순환을 끊어야 하는 것입니다.

우리의 몸은 점점 죽어 가고 있기도 하지만 매일 새롭게 태어나기도 합니다. 아직 도래하지 않은 미래에 대한 불안으로 기도를 하는 것이 아니라 매 순간 새로 태어나는 자신에게 집중하여 기도를 해 보십시오. 이 정도면 충분히 기도를 했다고 생각하고 어느 선에서 멈추는 기도가 아니라 지금의 나를 정화시키는 기도를 하는 것입니다.

꽃이 지고 열매가 맺혔습니다. 한 나무에서 꽃의 죽음과 열매의 탄생이 이루어졌습니다. 나무가 탄생과 죽음을 한 몸에 거두어 점점 깊은 뿌리를 내리듯, 여러분도 자신의 삶에 집중하며 늘 새로운 마음으로 기도를 하시기 바랍니다.

내려놓기 연습과 현명한 불제자의 삶°

"내 것이라고 집착하는 마음이 갖가지 괴로움을 일으키는 근
본이 된다. 온갖 것에 취하려는 생각을 하지 않으면 훗날 마음
이 편하여 마침내 근심이 없어진다."

《화엄경》에 나오는 말씀입니다. 우리의 삶은 모든 것이
집착입니다. 살아 숨 쉬고 있는 이 순간에도 내가 살고자 하
는 집착에 매달려 있기 때문에 육신이 움직이는 것입니다.
작은 세포 하나까지도 생명을 유지하기 위해 호흡하는 것
입니다. 하지만 몸의 집착은 도를 넘어서는 법이 없습니다.
　문제는 마음의 집착입니다. 특히 얻고자 하고, 가지려고
하는 마음의 집착은 근심도 함께 데려옵니다. '갖고 싶다'라
는 집착이 '어떻게 가질 수 있을까?' 하는 근심도 데려오는

것입니다. 여러 경전이나 말씀에서 집착은 근심을 일으키는 헛된 것이라고 합니다. 근심을 내려놓는 방법은 집착하는 마음을 버리는 것입니다. 하지만 어느 것이 집착인지 구별하지도 못하는데 어떻게 집착을 내려놓을 수 있겠습니까.

대학입학시험이 다가오면 백일기도를 올리는 분들이 많습니다. 100일 동안 자식을 위해 기도한다는 일은 생각보다 쉬운 일이 아닙니다. 시간을 내야 하고 바쁜 일을 접어두어야 하고 필요한 일은 미리 해 두어야 기도를 할 수 있는 것입니다. 그래서 기도는 꾸준히 하기가 참 힘듭니다. 그렇기 때문에 100일이든 1,000일이든 목표를 정해 놓고 하는 기도의 공덕이 클 수밖에 없습니다.

어떻게 보면 다른 일에 대한 집착보다 자식에 대한 집착이 더 크기 때문에 다른 것을 포기하는 것일 수도 있습니다. 이것이 집착인지 아닌지는 기도가 끝나 보면 알 수 있습니다. 정말 자식에 대한 집착심에 의한 기도였다면, 수능이 끝나면 다시는 절에 오지 않을 겁니다.

하지만 수능 기도를 회향하면 많은 분들이 다시 절에서

기도를 올립니다. 그때부터 올리는 기도는 성향이 다릅니다. 100일 동안 자식을 위해 기도를 하면서 언제부터인가 자식에 대한 집착을 내려놓게 되는 것입니다. 정확히는 자식의 성공을 바라는 자신의 욕심을 내려놓는 것입니다. 그러면서 자식을 이해하고 받아들이게 되는 것입니다. 그것이 신비롭게도 100일간 이뤄지는 기적입니다. 수능 기도가 끝나고 비로소 욕심을 내려놓는 법을 배우고 근심을 비우고자 하는 마음을 얻는 것입니다.

하늘에 걸린 커다란 보름달은 누구의 것도 아닙니다. 대신 달을 보며 얻는 풍요롭고 평안한 마음은 누구나 가질 수 있습니다. '저것이 내 것이다'라는 욕심만 내려놓으면 어느 것이 내게로 와도 만족스럽고 행복할 수 있는 것입니다. 내려놓기를 연습하며 현명한 불자가 되기 바랍니다.

문틈으로는 바람이 들고
마음 틈으로는 마장이 든다°

여름에는 창문으로 들어오는 선선한 바람이 그리도 좋더
니 겨울에는 같은 바람이라 해도 그리 환영받지 못하는 것
같습니다. 좁게 열린 문틈으로 찬바람이 비집고 들어오니
문득《선가귀감 禪家龜鑑》의 한 구절이 생각납니다.

"문에 틈이 있으면 바람이 들어온다. 마음에 틈이 있으면 마
장 魔障이 들어온다. 마음에 틈이 없으면 마장이 들어오지 못한
다."

바늘구멍만 한 공간에도 바람이 통하고 공기가 통하는
법입니다. 우리의 마음도 그와 같아서 마음에 작은 틈만 생
기면 금세 나쁜 마음과 생각이 그곳을 채우기 마련입니다.

출가에는 세 가지가 있습니다. 하나는 몸은 속세에 머물지만 마음은 출가하여 절에 의지하는 것이며 또 하나는 몸은 비록 출가하였으나 마음이 속세에 머무는 것이고, 마지막은 몸과 마음 모두 출가한 것입니다.

전해 오는 이야기가 있습니다. 옛날 한 마을에 큰 길을 사이에 두고 한쪽에는 유흥가, 길 반대쪽에는 절이 있었습니다. 길을 사이에 두고 두 곳이 마주보고 있는 셈입니다. 그런데 유흥가에서 술을 팔던 여인네들은 죽어서 극락에 가고, 절에 있던 스님들은 지옥에 갔다고 합니다. 이유가 무엇일까요?

그 여인들은 비록 몸으로 죄를 짓고 있다 하겠으나 마음만은 맞은편의 절을 바라보며 '나도 저 스님들처럼 수행자로 살고 싶다'라고 늘 생각하였습니다. 그러나 반대편의 출가자들은 몸은 절에 있으면서도 마음속으로는 '나도 저곳에서 놀고 싶다'라고 생각한 것입니다.

수행자는 자신의 본분에 충실해야 하며 재가자는 자신이 어디에 있든 믿음을 지켜야 합니다. 스님이 출가와 함께 깨달음에 목표를 두고 수행해야 하는 것은 당연합니다. 재가자 또한 비록 자신이 처한 환경이 좋지 않더라도 절을 항상 곁에 두고 자신도 수행자처럼 살고 싶다는 원을 세우며 산다면 충분히 수행하는 출가자의 삶을 살 수 있다는 것입니다. 이처럼 우리는 어디에 있든 자신의 마음을 철저히 단속해야 합니다.

문은 손으로 닫으면 그만이고, 문틈으로 들어오는 바람이야 무엇으로든 막을 수 있지만, 마음의 문은 손에 잡히지도 보이지도 않습니다. 저는 수행자로서, 부처님 법으로 늘 마음을 단속하고자 노력합니다. 여러분 마음의 빗장은 무엇입니까?

오
늘
의

알
아
차
림

아무리 많은 사람들이 선호하는 직업이라 해도
자신의 능력이나 적성에 맞지 않는 일을 하면
능률이 오르지 않을 뿐만 아니라
행복한 삶을 살 수 없습니다.
그러므로 어떤 일을 할 때
그것이 내가 좋아하는 일인가
그리고 내 능력으로 가능한 일인가를
먼저 생각하고 결정하는 것이 중요합니다.
어리석은 사람은 자기가 할 수 있는 일은 하지 않고
반대로 할 수 없는 일을 하려고 합니다.
지혜로운 사람은 자기가 할 수 없는 일은 하려 하지 않고
할 수 있는 일만 열심히 하는 법입니다.

삶을 바라보는 원근법의 함정°

　서양화와 동양화를 살펴보면 그 속에서 재미난 점을 발견할 수 있습니다. 바로 원근법의 차이입니다. 원근법이란 쉽게 말해 가까운 것은 크게 강조하고 멀리 있는 것은 작게 그리는 것입니다. 서양의 그림에서는 대부분 이 원근법이 정확하게 지켜지고 있습니다. 그런데 동양의 작품에서는 원근법을 의도적으로 깨뜨리는 경우를 볼 수 있는데, 그것은 바로 화면을 바라보고 있는 '나'의 위치가 다르기 때문입니다.

　가만히 서서 숲을 바라보면 나와 가까이 있는 나무는 크게 보이고, 멀어질수록 크기는 작아 보입니다. 같은 크기의 나무라 할지라도 보는 위치에 따라 크기가 상대적으로 달라지는 것이지요. 원근법은 결국 '나'를 중심으로 그림을 그리는 것입니다. 그러나 동양화에서는 '관계'를 더욱 중시합니다. 예컨대 숲을 그리더라도 자신의 위치에 상관없이 가장 중요하다고 생각되는 나무를 크게 그리는 식입니다. 사소한 그림 기법의 차이지만 여기서 동서양의 현격한 차이가 드러납니다. 서양이 자신의 입장을 중시하는 반면 동양은 상대의 입장을 중시하는 편입니다.

물론 어느 것이 옳다, 그르다 얘기할 수는 없습니다. 다만 서구화된 사회 속에서 우리는 모든 사물을 원근법에 의지해서 보고 있지는 않은지 생각해 볼 필요가 있습니다. 빼곡한 숲을 앞에서 바라보면 키 큰 나무 몇 그루만 눈에 들어오지만, 산 정상에서 내려다보면 나무의 키는 중요하게 다가오지 않습니다. 그저 초록이 이루고 있는 조화로움만

이 숲의 아름다움을 드러내고 있을 뿐입니다.

요즘 사회에는 '묻지 마' 범죄가 잇따르고 있습니다. 뚜렷한 동기 없이 무작위로 범행 대상을 고르고 폭력을 행사하는 범죄가 많은 이들에게 두려움과 공포를 일으키고 있습니다. 그들이 단 한순간이라도 코앞의 문제가 아닌 숲 전체를 내려다보았더라면 어땠을지 생각해 봅니다. 눈앞의 작은 분노에 눈이 가려진 것은 아닌지, 저 멀리 작게만 보였던 나무가 사실은 크고 거대한 희망의 나무였음을 놓친 것은 아닌지 말입니다. 온전히 나를 내려놓고 또 나를 찾는 공부에 집중하여 삶을 바라보는 자유로운 시각을 지니시기 바랍니다.

걱정이 사라지는 방법°

걱정은 '준비 부족'의 다른 말이라고 합니다. 그도 그럴 것이 어떤 일을 열심히 준비했다면 그 결과에 대해서는 걱정하지 않을 것이기 때문입니다.

일본의 승려 마스노 슌묘가 쓴 《9할》이란 책을 보면 "우리가 살아가면서 하는 많은 걱정들 중 90퍼센트는 일어나지 않는 일이며 마음속에 떠오르는 그 불안의 90퍼센트는 '지금'에 집중하고 행동함으로써 지울 수 있다"라고 말합니다.

주변을 둘러보십시오. 주위에서 일어나는 변화에 감정이 동요되지 않고 마치 잔잔한 호수와도 같아, 걱정 근심 없이 편안해 보이는 사람이 하나쯤 있을 겁니다. 하지만 그라고 해서 삶에 장애가 없을 리 만무합니다. 근심에 몸을

맡기는 사람과 평화로움에 몸을 맡기는 사람의 삶의 질은
천지 차이입니다.

어차피 해야 할 몫의 일이 있다면 미루지 말고 실천할 때
우리가 하는 걱정의 많은 부분은 사라질 것입니다. 걱정하
는 대신 능동적으로 실천하는 현명한 이가 되기 바랍니다.

대낮의 가로등과 밤중의 선글라스°

    선글라스 본연의 역할은 자외선을 가려 주는 데 있습니다. 그렇기에 해가 진 밤에는 굳이 선글라스를 낄 일이 없습니다. 가로등도 마찬가지입니다. 밤에는 빛을 밝혀 길목을 환히 드러내 보여 주지만 대낮의 가로등은 그저 기둥일 뿐, 아무런 소용이 없습니다. 우리가 쓰는 사물은 그때에 필요하기 때문에 만들어진 것입니다. 이렇듯 우리가 편리하게 쓰는 모든 사물은 사용하는 때를 정해 두고 있지만, 정작 자신의 마음은 어디에 어떻게 써야 할지 잘 모를 때가 많습니다.

    의사 하워드 켈리는 병원에서 어려운 환자들을 돕다가 해고되었습니다. 그 후 혼자 여행을 떠나던 중 만난 사람에게 자전거를 빌려 주는 호의를 베풀다가 자전거를 잃어버리게 됩니다. 화가 난 그는 다시는 남을 돕지 않겠노라 다짐하고 산길을 걷습니다. 그러다 길을 잃고 한참을 헤매던 중 한 민가 앞에 쓰러져 정신을 잃고 맙니다. 정신을 차려 보니 자신은 한 민가에 누워 있었습니다. 그 집의 소녀가 상냥하게 우유 한 잔을 건넸습니다. 우유를 마시고 기력을 회복한 그는 우유의 맛을 극찬했는데 그 우유는 그 집에 마지막 남은, 갓난아기가 마실 우유였습니다. 가난한 집에서 그를 위해 마지막 남은 우유를 건넸다는 사실을 안 하워드 켈리는 소녀의 호의에 큰 감동을 받고 다시 병원으로 돌아갔습니다. 그리고 1889년 어려운 사람들을 위해 존스홉킨스병원을 설립하게 됩니다.

그로부터 몇 년 뒤, 한 여인이 심각한 병 때문에 존스홉킨스병원에 오게 되었습니다. 하워드 켈리는 여인이 과거 자신에게 우유 한 잔을 대접한 바로 그 소녀임을 한눈에 알아보았지요. 이후 켈리의 끈질긴 노력으로 여인은 완쾌되었습니다. 하지만 병이 나았다는 기쁨도 잠시, 여인으로서는 어마어마한 치료비가 걱정되지 않을 수 없었습니다. 떨리는 마음으로 병원비 청구서를 열어 보았을 때, 청구서에는 이렇게 적혀 있었다고 합니다.

"당신의 치료비는 우유 한 컵으로 모두 지불되었습니다."

존스홉킨스병원은 130여 년이 지난 지금까지도 "인종과 성별, 연령에 차별 없는 의료 서비스를 제공한다"라는 기치를 내건, 미국 최고의 의료 기관으로 손꼽히고 있습니다. 우유 한 잔이 없었다면 불가능한 일이었을 겁니다.

10분만 거리를 걸어도 우리는 많은 풍경과 마주합니다. 하물며 인생의 시간을 모두 펼쳐 놓고 보았을 때 본 풍경은 얼마나 많을까요. 그 풍경 속에서 만난 사람들과의 일도 기억에 다 담을 수 없을 정도로 많습니다.

우리는 수많은 사람들과 순간순간 만남과 헤어짐을 반복하고, 남에게 피해를 주기도 하고 도움을 주기도 합니다. 내가 내민 작은 손이 누군가에게는 목숨을 구하는 생명 줄이 될 수 있고, 무심코 뱉은 말 한마디가 누군가에게 큰 좌절을 안겨 줬을지도 모릅니다. 만일 하워드 켈리에게 우유

한 잔을 건넨 손이 없었다면 이후 *그*가 구해 낸 수백만 명의 사람들은 죽음을 맞이했을 겁니다.

마음은 때를 정해 두고 쓸 수 없습니다. 다만 어떤 순간에 봉착했을 때 습관적으로 마음을 선행의 방향으로 이끌 수 있다면, 불자로서 공부를 잘했다 말할 수 있을 것입니다. 지금 이 순간 목마른 이에게 물 한 잔 건네는 작은 선행이 세상을 아름답게 만드는 단초가 됩니다.

오
늘
의　알
아
차
림

사람의 일이라는 것은
철저한 인과관계에 의해서 이루어집니다.
지금 당장 힘들다고 해서
도리에 맞지 않는 일을 함부로 도모해서는
안 되는 이유가 여기에 있습니다.
스스로 해결할 수 없는 일이 있거든
그저 마음을 내려놓는 방법도 있다는 것을
기억하기 바랍니다.

피곤한 일상과 가뿐한 일상의 차이°

한때 아침형 인간이 되자는 붐이 일어난 적이 있었습니다. 사람들은 모두 새벽에 일어나서 하루를 더욱 알차고 값지게 보내는 삶에 놀라워했고, 그처럼 살겠노라 다짐하며 아침형 인간이 되고자 하루의 스케줄을 조정하기도 했습니다. 하지만 수십 년간 길들인 수면 패턴을 바꾸는 건 쉬운 일이 아니지요.

또 최근에는 최소한의 물건만 갖고 산다는 개념인 '미니멀 라이프'가 주목받고 있습니다. 하지만 이미 많은 물건을 소유한 이들에게 미니멀 라이프는 '소유의 욕심을 덜어 낸다'라는 개념이 아니라 기존의 물건을 버리는 일을 더 가치 있게 여기게끔 만들었습니다. 많은 소유물을 골라서 버리는 것은 유행을 좇는 세대들에게 또 다른 스트레스가 되고 있다고 합니다.

　우리는 여러 매체를 통해 삶을 어떻게 사느냐에 대한 해답을 얻고 있습니다. 사람들의 주목을 받기 위해 매체들은 늘 차별화된 이름의 '해답'을 제시하고 있지요. 사람들은 매체가 제안해 주는 삶의 방식을 유행처럼 따릅니다.

　문득 이러한 삶의 지침서가 우리에게 정말로 필요한 것인가를 생각합니다. 아침형 인간이 되어서 하루 24시간을 어떻게 쓰느냐보다 하루의 가치를 깨닫는 것이 중요하며, 내가 몇 가지의 물건을 갖고 있느냐를 따지는 미니멀 라이프가 아니라, 욕심을 덜어 내는 것이 더 중요한 일입니다. 하지만 자신의 삶을 제대로 들여다보지 못하는 사람들은 남들의 삶에 호응하며 그 가치에 쉽게 현혹되곤 합니다.

어떻게 사느냐의 문제는 몇 시에 일어나고 몇 개의 물건을 갖고 있느냐에 따라 결정되지 않습니다. 본질적으로 내 마음을 어떻게 들여다보고 무엇을 선택할 것인지 주체적으로 결정할 줄 알아야 그것이 삶을 사는 방식이 될 것입니다.

몇 년 전 미세먼지의 주범이 고등어라는 얘기가 돌자 고등어 값이 많이 떨어졌습니다. 또 다슬기가 간에 좋다는 얘기가 돌자 너 나 할 것 없이 계곡의 다슬기를 쓸어 담아 씨가 마를 정도였다고 합니다. 우리가 매일 먹는 음식은 모두가 약입니다. 하지만 반대로 독이 아닌 것도 없습니다. 매일 먹는 반찬이 항암제이자 발암제가 될 수 있는 겁니다.

삶도 마찬가지입니다. 독과 약을 구분해 내는 것도 중요하고, 밥상을 어떻게 차릴지 고민하는 것도 중요합니다. 하지만 그것이 자신의 삶에 피로감이 되어서는 안 될 일입니다. 항상 피곤하다는 말을 습관처럼 하는 사람들이 있습니다. 그렇다면 나에게 피로감을 주는 일이 무엇인지를 생각해 보십시오.

기도를 하러 절에 가야겠다고 생각하는 불자들은 절에 다니는 일이 피곤하지 않습니다. 기쁜 마음으로 걸음을 내딛는데 피곤할 일이 무엇이 있겠습니까. 하지만 도반이 절에 가는데 나도 가야 하지 않겠느냐고 생각하는 사람에게는 절에 가는 걸음이 버겁게만 느껴집니다.

　오늘 하루 피곤하셨는지, 아니면 가뿐하셨는지 생각해 보시기 바랍니다. 오늘도 주인공이었는지, 아니면 조연이었는지에 대한 답이 나올 것입니다.

낮과 밤이 만나는 시간°

낮과 밤의 풍경은 전혀 다릅니다. 낮에는 태양이 밝은 빛으로 세상을 비추고, 밤에는 오직 달만이 세상의 빛이 되어 줍니다. 그렇다면 낮과 밤은 공존할 수 있을까요? 얼핏 생각하면 극적으로 다른 두 가지가 어떻게 함께할 수 있을까 싶지만 답은 쉽게 나옵니다. 우리는 동틀 무렵, 밤이 낮에게 자리를 내어 주는 모습을 볼 수 있고, 해질 무렵 낮이 작별을 고하는 모습을 볼 수 있습니다. 이처럼 전혀 다른 두 가지가 실은 늘 함께하고 있습니다.

청수와 탁수도 마찬가지입니다. 계곡 사이를 흐르는 맑은 물과 하천을 흐르는 오염된 물은 완전히 다른 것 같지만, 실은 자연을 순환하고 있는 같은 물입니다. 또 동전의 양면도 전혀 함께할 수 없을 것처럼 보이지만 결국 같은 면을 의지하며 살아가는 한몸임을 부정할 수 없습니다.

생전예수재는 살아생전에 미리 선업을 닦기 위해 올리는 재입니다. 우리가 죽음을 맞이하고 나면 나를 위한 재의 몫은 후손들에게 남겨집니다. 자손들이 정성껏 올린 재는 영가인 나의 극락왕생을 돕고, 자손들에게는 공덕을 쌓을 좋은 기회가 됩니다.

삶과 죽음은 낮과 밤처럼 전혀 다른 것처럼 보이지만 이른 새벽처럼 공존하는 때가 있습니다. 그런 의미에서 생전예수재를 생전에 짓는 재라고만 보기에는 한계가 있습니다. 이른 새벽 붉은 노을이 바다를 물들이고 낮을 흔들어 깨우듯, 극적인 경계에서 우리에게 던지는 메시지를 인지해야 합니다.

우리에게는 언제 죽음이 닥칠지 모릅니다. 낮이 늘 지속되리라 믿지만 언제 밤이 찾아올지는 아직 모를 일입니다. 예수재를 지내는 것은 낮에 충실하면서 밤을 기다리는 일입니다. 어둠이 찾아오면 바닥에 떨어진 바늘을 찾을 수가 없으니 미리 찾아 놓는 일과 같으며, 밤에 불을 밝힐 초를 미리 가져다 놓는 것과 같습니다.

생전예수재의 본뜻은 여기에 있습니다. 생전예수재를 자신을 돌아보는 참회의 기회로 삼고, 더욱 맑고 청정하게 살아갈 다짐의 발판으로 삼는 것입니다. 그리하면 갑작스러운 죽음으로 선업을 쌓을 기회를 잃을 일도 없고, 생에 후회를 남길 일도 없을 것입니다.

낮에 충실하면서
밤을 기다리는 일...

신심信心으로 명심銘心해야 할 가르침°

3조 승찬 대사는 《신심명信心銘》에서 분간하여 선택함[揀擇], 미워함과 사랑함[憎愛], 거슬림과 따름[順逆], 옳고 그름[是非]과 같은 상대적인 견해에서 벗어날 것을 끊임없이 설파하였습니다. 이러한 상대적인 견해가 조화되고 중화될 때가 중도中道이며 곧 도道에 이르는 때라는 것이 승찬 대사의 가르침입니다.

승찬 대사는 굉장히 똑똑한 사람이었습니다. 불가에 귀의한 나이가 40대였으나, 2조 혜가 대사의 인가를 받았으니 상근기를 지닌 이라는 것을 알 수 있지요. 주옥 같은 가르침을 후대에 전해 주셨으나 불가에 귀의하기 전 당신의 삶은 고통 그 자체였습니다. 명석한 두뇌와 남다른 근기를 가졌으나 나병을 앓은 탓에 벼슬길에 나아가지도 못했으며, 심지어 길을 가다가 돌팔매를 맞기도 했습니다. 썩은 팔다리와 무너진 얼굴은 '어떻게 하면 내 병이 나을까?'라는 생각에만 집착하게 만들었습니다. 자신의 몸뚱이를 죄업으로 여겼던 승찬 대사는 혜가 대사를 찾아가 병을 낫게 하는 법을 물었습니다.

그러자 혜가 대사는 "그대의 죄업을 내놓아 보아라"라고 대답했습니다. 그런데 참 이상한 일이지요. 그동안 나병 때문에 괄시받고 천대받던 자신의 몸뚱이가 죄업이라고 생각했는데, 막상 내놓으려고 하니 찾을 수가 없는 것입니다.

혜가 대사는 "죄업이 있다면 찾을 수 있을 것이지만, 없기 때문에 찾을 수가 없는 것이다. 죄업은 본래 없는 것이다"라고 승찬 대사에게 일러 줍니다.

그 순간 마음에 굳게 진 응어리가 풀리고, 얼마 지나지 않아 승찬 대사는 불법승 삼보에 귀의하여 혜가 대사에게서 승찬이라는 법명을 받고 3조로 인가받게 됩니다.

우리는 일상에서 마주하는 수많은 일들을 습관적으로 분별하는 경향이 있습니다. 가뭄 때는 비가 오길 바라고, 막상 비가 오면 옷 젖는 것을 두려워합니다. 친구들과 어울려 놀다가도 혼자만의 시간을 그리워하고, 막상 혼자가 되면 인연을 그리워합니다.

승찬 대사가 그토록 찾았던 죄업은 결국 찾을 수 없었습니다. 본래 없기 때문입니다. 아마 승찬 대사가 자신의 선업을 찾으려 했더라도 찾을 수 없었을 것입니다. 그 역시 본래 없기 때문입니다.

오늘의 알아차림

깨어 있다는 것은 그리 거창한 것이 아닙니다.
길을 걸을 때 걷고 있는 자신에게 집중하고
일을 할 때 일을 하고 있는 자신에게 집중하고
기도를 하거나 참선을 할 때도
오롯이 그곳에 집중한다면 그는 깨어 있는 사람입니다.
잠잘 때 일어날 것을 걱정하고
일을 하면서 다음에 해야 할 일을 걱정한다면
평생 걱정 속에서 살게 됩니다.
지금 무엇을 하든 그곳에 집중한다면
능률도 오르며 그에서 즐거움을 찾을 수 있을 것입니다.

4장 ○ 타인과 세상을 보듬다

왜 못된 사람이 잘 살까?°

우리는 현실 속에서 종종 스스로에게 질문합니다.

'내 인생은 왜 이렇지?'

'저 이웃의 사람은 선업을 짓거나 복덕을 쌓지 않는데도 어찌 저런 복을 받고 살까? 반대로 저 이웃의 사람은 악업을 짓지도 않으며 선업을 쌓기만 하는데 어째서 복을 받지 못할까?'

이런 의문에 대한 명쾌한 해답이 《법구경》에 있습니다.

"선한 일을 행한 사람도 그 결실이 나타나기 전에는
고초를 겪을 수 있는 것.
그러나 인연이 익어 때가 도래하면
마침내 큰 이익과 기쁨을 얻으리라.

악의 씨앗을 심은 자라도

악행의 열매가 채 익기 전에는 즐거움을 누릴 수 있다.

그러나 때가 오면 그 과보果報를 피할 길 없다."

오늘도 우리네 삶은 고통의 연속입니다. 어제보다 나은 삶이 될 것이라는 확신으로 오늘을 시작하지만, 현실은 그렇게 녹록치 않습니다. 그러나 밤하늘에 어둠이 있어야 우리는 별을 바라볼 수 있습니다. 밤이 깊을수록 별은 더욱 빛이 납니다. 우리 삶에서도 고통과 시련이 뒷받침될 때 인생의 의미가 더욱 선명해집니다. 짙은 어둠을 경험한 자만이 거룩한 인생의 새벽을 맞이할 수 있습니다.

타인을 향한 알아차림°

얼마 전 가슴이 먹먹해지는 영화 한 편을 봤습니다. 왕따로 인해 자살한 아이의 이야기입니다. 하지만 영화의 초점은 단순히 자살에 맞춰져 있지 않습니다. 죽음을 좇아가면서 발견하게 되는 아이의 '외침'에 맞춰져 있습니다. 아이가 말하려 했던 진실 그리고 그 진실을 뒤늦게 알게 된 가족들의 이야기입니다.

아이들은 신체의 성장을 겪으면서 사춘기를 함께 겪게 됩니다. 몸과 마음의 성장통을 지나 아이들은 어른으로 성장합니다. 이 과정에서 아이들뿐만 아니라 학부모도 같이 성장통을 겪곤 합니다. 아이의 반항이나 갑작스러운 변화에 직면한 부모들은 아이에게 안정을 요구하기 쉽습니다. 그러나 아이를 이해하는 일이 우선일 것입니다.

어머니는 사춘기에 접어든 딸을 이해합니다. 같은 여성으로서 딸의 사춘기를 어느 정도 이해할 수 있기 때문입니다. 하지만 어머니에게 있어 아들의 사춘기는 딸의 사춘기보다 더 어렵습니다. 마찬가지로 아버지도 딸의 사춘기보다는 아들의 사춘기를 이해하기가 좀 더 수월합니다.

　하지만 그조차 '모두 다' 이해한다고는 말할 수 없을 것입니다. 결론적으로 말하면, 어른들이 아이들의 사춘기를 온전히 이해할 수는 없습니다. 대신 다른 방법이 있습니다. 바로 '알아차림' 하는 것입니다.

　명상을 할 때 우리는 자신의 마음을 알아차림 하는 과정을 배웁니다. 마음에 분노가 일어나는지, 어떤 상태인지를 들여다보면서 자신의 감정을 다루는 것입니다. 자신을 들여다보는 알아차림이 있어야 마음의 조절이 가능해집니다. 자신을 얼마나 잘 아느냐에 따라 명상의 효과가 달라지는 것입니다. 그래서 알아차림의 중요성에 대해서는 명상을 하는 이라면 누구나 공감합니다.

조금 더 시선을 돌려 자신의 주변을 알아차림 해 보는 건 어떨까요? 주변을 알아차림 하는 일은 명상과 같은 과정이 필요한 일도 아닙니다. 사람에게는 누구나 본능이 있습니다. 그리고 동물과 다르게 '이성'이 존재합니다. 그렇기 때문에 힘든 일이나 고통이 있을 때 이성적으로는 참고 인내하려 해도 본능적으로는 그것을 피하고 두려워하는 조짐을 보입니다. 본능적으로 고통을 찾는 사람은 없습니다.

아이들도 마찬가지입니다. 이성적으로는 부모에게 말하지 않고 감추려 하지만 본능적으로는 문제를 같이 해결해 주길 원하기 때문에 끊임없이 신호를 보냅니다. 어른의 눈에는 별것 아닐지 모르지만 아이들의 본능이 보내는 신호인 것입니다.

아이들뿐만 아닙니다. 나의 도움을 필요로 하는 사람들

은 모두 내게 신호를 보냅니다. 이 신호를 잘 알아차려 보십시오. 그들이 고통에서 벗어나는 길을 잃어버렸을 때 당신이 좋은 길잡이가 된다면 좋겠습니다.

'절대로'라는 말°

이미 말라 버린 꽃은 더 이상 비를 기다리지 않습니다. 꽃이 살아 있기 위해서는 물이 반드시 필요합니다. 그래서 비가 내린다 함은 꽃에게 생명을 준다는 의미입니다. 하지만 이미 생명이 끝나 말라 버린 꽃에게 비는 아무런 의미가 없는 것입니다.

이처럼 어떤 이에게는 꼭 필요한 것이 또 다른 사람에게는 의미가 없을 수 있습니다. 그래서 어떤 말을 할 때 되도록이면 '절대로'라는 단정적인 말은 하지 않는 편이 좋습니다. 언젠가는 '절대로'가 무색해지는 상황에 처하게 될지 모르기 때문입니다.

오늘은 제법 많은 비가 내렸습니다. 이 비로 인해 행복한 사람이 있다면 그렇지 않은 사람도 있으리라는 점을 한 번 쯤 생각해 보기 바랍니다.

우리가 곁에 있는 사람을 이해한다는 것은
그 사람의 장점만을 좋아하는 것이 아니라
그 사람을 있는 그대로 보고,
그의 장점은 물론 단점까지도 인정하는 것입니다.
완벽한 인간은 존재하지 않습니다.
모든 사람은 상대적인 관점에서
좋은 사람이 될 수도 있고
나쁜 사람이 될 수도 있기 때문입니다.
상대방이 내 뜻대로 되기를 바라지 말고
있는 그대로 만족할 수 있는 지혜가 필요합니다.

꿀을 채운 꽃처럼, 속이 깊은 도반°

어느 날 아난이 부처님께 여쭙기를 "좋은 도반이 있으면 그 사람은 수행의 반을 완성한 것이 아닙니까?"라고 했습니다. 그러자 부처님께서 대답하시기를 "아난아, 그렇지 않다. 좋은 벗이 있다는 것, 선지식이 있다는 것, 좋은 사람에게 둘러싸여 있다는 것은 수행의 전부를 완성한 것과 다름이 없다"라고 하셨습니다. 《잡아함경》에 등장하는 대목입니다. 좋은 사람과 함께하는 것은 수행을 완성한 것만큼 값진 일이라는 뜻입니다.

그렇다면 어떤 도반이 좋은 도반일까요? 어느 날 승가라라는 젊은 바라문이 부처님께 좋은 도반과 나쁜 도반이 어떻게 다른가를 물었다고 합니다. 부처님께서는 나쁜 도반은 보름이 지난 달과 같이 어두움을 더해 가고, 좋은 도반은 초승달과 같이 사귈수록 밝음을 더해 가는 사람이라 하셨습니다. 또한 나뭇잎으로 향을 묶어 놓으면 그 잎에 향기가 배는 것처럼 좋은 벗과 사귀면 자연히 좋은 향기를 내뿜는 사람이 되고, 악취 나는 썩은 생선을 줄로 묶으면 줄에 썩은 냄새가 배는 것처럼 나쁜 벗과 사귀면 악취가 몸에 배게 된다고 말씀하셨다고 합니다.

과거를 돌이켜 보면, 어떤 특정한 일에 대한 기억보다는 사람에 대한 기억이 더 많이 남습니다. '무엇을 했다'라는 것보다 누구를 만났고, 누구와 헤어졌는지에 관한 기억이 보다 오래 남는 것 같습니다. 여행을 가도 여행지에 대한 기억보다는 동행인이나 여행지에서 만난 사람들의 모습이 오래 기억되듯 말입니다.

부처님께서는 여러 경전에서 도반과의 귀한 인연에 대해 설하셨습니다. 하지만 좋은 벗을 두라는 권유만큼, 나쁜 벗을 두는 것에 대한 경계도 잊지 않으셨습니다. 인간사가 모두 사람을 통하는 일이라 주변에 누가 있느냐에 따라 삶에 적지 않은 영향을 미치기 때문입니다. 그럼 좋은 벗은 어떻게 사귈 수 있을까요? 반대로 생각해 보면 쉽게 답이 나옵니다. 지금의 나를 보면 알 수 있습니다. 내 주위에 좋은 사람이 많다면 그것은 내가 좋은 사람이기 때문입니다. 반면 나쁜 사람이 많다면, 그 문제를 나에게서 찾아봐야 할 것입니다. 꽃이 향기로울수록 벌은 많이 모여듭니다. 하지만 향기가 없는 꽃에는 벌이 날아들지 않습니다. 제아무리 화려한 색을 지녔다 한들, 꿀이 없는 꽃에 벌이 날아올 리 만무하기 때문입니다. 사람도 마찬가지입니다. 아무리 겉으로 베푼다 해도 마음이 인색한 사람은 금세 본색을 들켜 버립니다. 하지만 진정성을 갖고 베푸는 이들은 자기 상을 내지 않아도 많은 사람이 그 사람의 깊은 속을 알아차립니다.

우리가 흔히 쓰는 표현 중 손바닥으로 하늘을 가린다는 말이 있습니다. 제아무리 마음을 숨겨 거짓으로 말한다 해도, 작은 행동과 눈빛까지 일일이 제어할 수 없습니다. 그렇기에 자신도 모르게 속을 들켜 버리는 것이지요. 아무리 손바닥으로 마음을 가린다 해도 넓고 방대한 범위의 '나'를 모두 다 가릴 수는 없는 법입니다.

나는 좋은 사람인데, 왜 내겐 좋은 도반이 없을까 하고 생각할 수도 있겠습니다. 그럴 땐 자신이 정말 좋은 사람인 지를 먼저 생각해 보면 좋을 것 같습니다. 좋은 사람처럼 보이려고 손바닥으로 하늘을 가리려 한 건 아닌지 말입니다. 좋은 사람이 되기 위해 자신을 꾸미는 일보다 더 중요한 일은 자신의 마음을 닦는 일입니다. 꿀을 가득 품은 꽃이 향기를 내듯, 내면을 실하게 채우면 좋은 도반은 저절로 찾아오기 마련입니다. 스스로를 잘 돌아보고 내면을 들여다볼 수 있는 시간을 채우기 바랍니다.

모든 사람에게 좋은 사람이 되려 한다면°

《반야경》에 이르기를, "사람들에게서 멀리 떨어져서 홀로 숲속에 사는 것이 은둔이 아니다. 진정한 은둔이란 좋고 싫음의 분별로부터 자유로워지는 것이다"라고 했습니다.

　모든 사람에게 좋은 사람으로 기억되기 위해 애쓸 필요는 없습니다. 스스로 좋은 사람이 된다면 모든 사람에게 자연히 좋은 사람이 됩니다. 만나는 사람마다 좋은 사람으로 기억되기 위해 억지로 노력하고 마음에도 없는 행동을 한다면 그 사람은 점점 장점을 잃어 가고 말 것입니다.
　좋은 향기를 지닌 꽃은 가만히 있어도 멀리서 나비와 벌이 날아들듯이 스스로 수행하고 훌륭한 인격을 쌓기 위해 노력한다면 누구에게나 좋은 사람으로 기억될 뿐만 아니라 스스로도 행복한 삶을 살아갈 수 있을 것입니다.

　나는 누군가에게 좋은 사람인지 아니면 좋은 사람인 척하는 것인지 생각해 보시기 바랍니다.

사랑을 채우는 가장 쉬운 방법,
'미움'을 '비움'°

다큐멘터리에 등장하는 원숭이를 보고 있으면, 지극히 동물적이면서도 인간과 닮은 점이 많이 나타납니다. 그들의 사회에도 왕따가 있고 스타도 있습니다. 마음에 들지 않는다고 괴롭히고, 또 좋은 상대에게는 친밀한 애정을 표시하기도 합니다. 이처럼 원숭이는 사람의 4~5세 정도의 지능을 갖고 있으면서도 무리 내에서 복잡한 유대 관계를 맺고 있습니다.

우리는 사회 안에서 살아가면서 여러 이름의 관계를 맺습니다. 가족, 도반, 이웃…. 이렇게 많은 관계가 있지만 의외로 마음 안에서는 간단하게 관계가 정리됩니다. 좋고 싫음. 이러한 구분으로 쉽게 나누어지는 것이 관계이기도 합니다.

우리는 사람을 만날 때 좋은 사람만 보려 하고, 나쁜 사람은 배척하려고 합니다. 하지만 가만히 생각해 보면 아주 좋은 사람도, 아주 나쁜 사람도 없습니다. 내가 아무리 나쁜 사람이라 생각해도 누군가는 그 사람을 좋게 평가할 수도 있습니다. 좋고 나쁨이란 한 사람의 본성을 누가 어떤 눈으로 보느냐에 따라 결정되는 것이지, 마치 객관식 문제처럼 명확하게 결정되는 것이 아닙니다. 반대로 생각해 보면 좋은 사람도 언제든 나쁜 사람으로 바뀔 수 있습니다. 좋은 인연이 악연으로 끝날 수도 있는 것입니다.

그래서 우리는 나쁜 인연을 피할 수 없고, 좋은 인연만 고를 수도 없습니다. 다른 사람이 나를 보는 눈도 마찬가지입니다. 내가 모르는 사이에 누군가의 원수가 되어 있을 수도, 누군가의 은인이 되어 있을 수도 있습니다. 내가 원한다고 해서 모두에게 좋은 사람이 될 수는 없는 일입니다.

불교에서는 늘 비움을 강조합니다. 비운다는 것은 흔히 채워진 것을 공의 상태로 돌려놓음을 말합니다. 하지만 비움 그 자체에만 목적을 두는 것은 아닙니다. 아무리 노력해도 찻잔에 쌀 한 말을 채울 수는 없습니다. 또 아무리 많은 차를 마시려 해도 한 잔에 담기는 양 이상을 마실 수 없습니다. 더구나 작은 그릇은 금방 채워지고 금방 비워집니다. 그러나 조금만 생각해 보면 그릇의 크기를 키우면 해결되는 문제입니다.

사람을 만날 때도 마찬가지입니다. 우리는 외모가 불편하고, 성격이 나와 맞지 않다고 해서 다른 이를 배척하는 일이 많습니다. 그러다 보면 속이 좁아지고, 마음의 그릇은 더욱더 크기를 줄여 갑니다. 그러나 한발 물러서서 틀림을 다름으로 이해하고 마음의 공간을 늘려 보십시오. 남을 이해하는 마음이 커질수록 근기의 그릇이 성장하고, 그 안에 좋은 인연이 차곡차곡 쌓일 것입니다.

얼마 전 읽은 책의 한 구절이 생각납니다. "마음속에 사랑을 채우는 데 있어 미움을 지우는 것만큼 좋은 방법은 없다. 우리에게 주어진 인생이라는 시간은 길지 않으니 그 소중한 시간을 남을 미워하는 데 쏟지 마라. 마음속의 미움을 비우지 못하면 자신의 인생이 고달파질 뿐만 아니라 행복을 잃게 된다."

　미움을 비우고, 좋은 인연과 행복한 마음으로 충만한 나
날을 보내기 바랍니다.

오
늘
의

알
아
차
림

누구나 마음속에서 일어나는 말을 하고 싶어도
직접적으로 표현하지 않고 참는 경우가 있습니다.
그 많은 말을 다 표현해 버리면 곧 후회하기 때문이며,
그 말에 대한 책임을 질 용기가 없기 때문입니다.
특히 상대방에게 화가 많이 났을 때 바로 표현하면
상대방을 찌르는 가시가 함께 나오게 됩니다.
그 가시는 결국 자신의 마음에 와 꽂히기에
말을 할 때는 한 호흡 쉬고
감정을 진정시킨 다음 하는 것이 좋습니다.

분별심을 태우고 온기를 나누는 지혜°

    여섯 명의 남자가 추위에 떨면서 산속에서 구조를 기다리고 있었습니다. 모닥불은 꺼져 가고 있었고 그들에게는 각자 불을 지필 만큼의 장작이 남아 있었습니다. 인종 편견이 심했던 한 남자는 자신과 피부색이 다른 사람이 있어서 장작을 꺼내지 않았고, 인종이 달랐던 한 남자는 자신을 편견을 갖고 대하는 그 사람이 싫어서 장작을 내놓지 않았습니다. 또 가난한 사람은 맞은편의 부자가 자신을 위해 장작을 내놓아야 한다고 생각했고, 부자는 원래부터 인색해서 그럴 마음이 없었습니다. 또 다섯 번째 남자는 자기와 친한 사람이 없어서, 마지막 사람은 아무도 하지 않는 일을 자기가 굳이 할 필요가 없다고 생각했기에 장작을 꺼내 놓지 않았습니다. 이들 모두는 결국 다음 날 동사한 채로 발견되었지요. 옆에는 태우지 않은 장작이 그대로 남은 채로 말입니다. 이들 중 단 한 명이라도 남을 먼저 생각하는 사람이 있었다면 어땠을까요?

비극으로 끝난 이들의 이야기에서 우리는 우리의 이기심과 분별심을 발견할 수 있습니다. "나와 다르다", "좋다", "싫다" 하는 분별심은 남과 나를 갈라놓는 이기심으로 이어집니다. 상대와 자신의 다름을 인정했더라면 인종 편견이 심했던 남자는 상대를 위해 장작을 충분히 내놓았을 것이고, 부자에게 선행을 바랐던 가난한 이는 재산의 부유함보다 마음의 부유함이 더 중요함을 깨달았을 겁니다.

우리의 평범한 일상 속에서도 분별심은 멈추지 않습니

다. 얼굴이 예쁘고 인상이 좋은 사람에게 호감을 가지면서 반대로 인상이 좋지 않은 사람을 보면 미리부터 '저 사람은 분명 성격이 나쁠 거야'라고 반감을 가질 때가 많습니다. 자신의 관점으로 타인을 분별하는 것은 결국 이기적인 행동으로 이어집니다. '나와 친하지 않기 때문에, 나와 상관 없으므로, 나는 그가 싫으므로'라는 단서 조항을 달면서 말입니다. 그러면 친하지 않은 사람은 배척하고, 상관없는 일에는 관여하지 않으며, 싫은 사람에게는 눈길조차 주지 않습니다. 하지만 반대로 '나와 친하지 않아도, 나와 상관이 없어도, 그가 싫지만'이라고 생각한다면 주변의 많은 것들을 포용할 수 있습니다. 장작을 가진 여섯 명이 이 같은 지혜로 자신의 장작을 내주었다면 모두가 따뜻하게 구조될 수 있었을 겁니다.

자신을 돌이켜 보며 진정한 '참회'의 시간을 가져 보심은 어떨까요. 후회에만 그칠 것이 아니라 스스로를 다잡고, 어리석음을 반복하지 않겠다고 다짐해 보십시오. 그런 다음 스스로에게 질문해 보십시오.

"나는 타인을 위해 장작을 내줄 수 있을까?"

그 대답 안에 한 해를 살아온 여러분의 살림살이가 드러
날 것입니다.

소통의 지혜°

요즘 우리 절 명심전 옆에는 하얀 풍산개 '선재'가 이사를 왔습니다. 아직 어린 강아지라 신발도 제법 물어뜯고 마치 대여섯 살 어린아이처럼 천진하게 뛰어놀고 있습니다. 어쩜 제 이름도 찰떡같이 잘 알아듣는지 "선재야"라고 부르면 금세 꼬리를 흔들며 달려 나오곤 하지요. 말이 통하지 않는 짐승이라도 제 이름을 알아듣고, 이름 부르는 사람의 마음까지 알아차리는 걸 보면 참 신기할 때가 많습니다.

중국의 후난성 융저우시 장융현에서 오랫동안 전해져 온 '여서 문자女書文字'라는 언어가 있습니다. 이 문자는 여성들만 사용하고 어머니가 딸에게만 전수하는 문자입니다. 장융현에서는 오래전부터 여성들의 문자 사용을 금하고 오직 남성들만 문자를 쓸 수 있도록 해 왔는데, 이 때문에 여성들은 비밀리에 자신만의 문자를 만들어 쓰기 시작했습니다. 워낙 비밀리에 쓰던 문자라 여성들은 옷에 수를 놓거나 바느질을 할 때 문양인 척 하면서 여서 문자로써 서로의 감정을 전달하고 소통했습니다. 하지만 아쉽게도 여서 문자는 2004년 마지막 문자 사용자인 할머니가 사망하면서 그 명맥이 끊겼습니다. 더 이상 배울 사람도, 알고 있는 사람도 없는 역사 속의 문자로 남은 것입니다.

여서 문자에 관한 이야기를 들으며 문득 우리의 언어에 대해 생각해 봤습니다. 우리는 늘 타인과 소통을 하며 살아가고 있습니다. 하지만 같은 문자, 같은 언어를 쓰는 사람이라 할지라도 '말이 통하지 않는' 경우에 자주 직면합니다. 혹은 사소한 말 한마디가 큰 오해로 번지는 경우도 많습니다. 오히려 침묵할 때가 유리한 경우도 있지요. 불교에서는 구업을 짓지 말 것을 끊임없이 당부하고 있지만, 우리가 하루에도 셀 수 없이 많이 짓는 업 중 하나가 '구업'입니다.

소통의 기본은 공감입니다. 아무리 같은 언어를 쓴다 할지라도 어떤 뜻을 가지고 대화 하느냐에 따라 결과는 달라집니다. 상대의 이야기에 공감하지 않고, 그 마음에 공감하지 않은 채 자기의 이야기만 쏟아 내는 이들에게 귀와 마음을 내주는 이는 없습니다. '선재'라는 이름에 꼬리를 흔들며 반가움을 표하는 강아지는 자신을 불러 주는 이에게 사랑으로써 화답합니다. 비록 다른 언어를 쓰더라도 따뜻한 마음이 공감되기 때문에 소통이 가능한 것입니다. 여성들만의 언어를 만들어 낸 장융현의 여인들이 자수에 남긴 언어 중 대부분은 서로를 격려하고 다독여 주는 말이었다고 합니다. 그들은 남을 험담하고 비난하는 대신 세상에서 가장 아름다운 언어로 사랑의 메시지를 전해 온 겁니다.

지금 당신의 언어는 어떤 모양입니까? 장융현의 여인들처럼 아름다움으로 수놓인 언어인지, 아니면 그저 매일 쌓여 가는 '구업'의 산물일지 말입니다. 오늘 곁에 있는 도반에게 따뜻한 소통의 메시지를 전하며 지혜의 언어를 수놓아 보시기 바랍니다.

바람의 고향, 모래의 삶°

요즘 백중기도를 올리기 위해 오는 신도님들과, 잠시 쉴 곳을 찾아 도량을 찾는 이웃 주민의 걸음이 끊이지 않습니다. 이렇게 사람이 오고가는 것을 가만히 보면 한 사람, 한 사람의 인연이 얼마나 많은 것을 바꾸는지 새삼 깨닫게 됩니다.

'나는 누구인가.'

불교에서는 "부모미생전父母未生前 본래면목本來面目"의 화두가 자주 등장합니다. 하지만 굳이 불자가 아니더라도 누구나 한 번쯤은 자기 근본을 참구해 보았을 겁니다. 고민에 대한 해답을 얻지는 못하더라도 그 화두를 들다 보면 육신이 없는 나, 망상이 없는 나의 모습을 그려 보게 됩니다. 불교에서 이런 화두를 말하는 것은 외모와 같은 껍질을 벗고, 어떠한 조건에 구애받지 않고 자신의 본래 뿌리를 찾는 일이 도를 구하는 일과도 같기 때문입니다. 그런 면에서 불교를 공부하면 다른 이들을 바라보는 시선이 더욱 온화해짐을 느낍니다. 자타 없이 좋은 도반을 만날 수 있는 곳이 사찰이라고도 할 수 있습니다.

우리 도량에는 유독 나무와 꽃이 많습니다. 나무의 뿌리를 지탱해 주는 것은 흙과 모래요, 꽃의 향기를 전해 주는 이는 바람입니다. 그렇다면 지구가 존재한 이래로 이 흙과 모래는 늘 이곳 혜원정사에 있는 나무를 지탱해 주기 위해 존재했을까요?

도반,
함께
같은
길을
걸어가다

흙 한 줌을 쥐어 봅니다. 이 흙 속에는 수만 알갱이의 모래가 있습니다. 이 모래들은 다 어디에서 왔을까요? 저 먼 중국에서 온 알갱이도 있을 것이고, 광안리 바닷가에서 날아온 것도 있을 것이고, 또 어떤 것은 묘봉산 바위에서 깨져 나온 것일 수도 있습니다. 제각기 다른 역사를 갖고 있지만 우연히 혜원정사에서 만나 흙을 이루고 좋은 양분을 품어 나무 한 그루를 품게 된 것입니다.

그렇게 작고 사소한 모래 한 알에도 저마다의 역사가 있습니다. 절에서는 친구라는 말보다는 도반이라는 말을 씁니다. 도반은 말 그대로 '함께 도를 닦는 벗'이라는 뜻입니다. 그러면 도는 무엇입니까? 도道는 흔히 이치를 말하지만 '길'을 뜻하기도 합니다. 친구와 도반이 다른 한 가지 점은 도반은 함께 같은 길을 걸어간다는 말입니다. 서로 출신도 다르고 각자의 역사도 다르지만 같은 공간에서 만난 인연으로 함께 도를 닦아 나가는 벗이 되었으니, 우주의 수많은 장소 중 한곳에서 극적인 확률이 이루어졌다 할 수 있습니다. 그러니 도반의 인연이 얼마나 중하고 또 중하겠습니까.

더운 여름, 그늘만큼이나 반가운 것이 바람입니다. 그늘은 눈으로 보고 찾아 들어가지만 산들바람은 예측하지 못한 순간 나를 흔들며 시원함을 선물합니다. 그렇다면 이 바람은 어디에 걸려 있던 바람일까요? 저기 명심전 위에 걸려 있던 바람일까요, 아니면 저 탑 밑에 숨어 있던 바람일까요? 이 바람마저도 처음 출발한 고향이 있습니다. 제각기 다른 곳에 살다가 더운 나의 몸을 시원하게 흔들어 주는 것입니다.

오늘도 도량을 나고 드는 손님들을 바라보며 그들이 사찰을 쌓아 올린 값진 모래요, 서로에게 시원한 기운을 선물하는 바람이라는 생각이 듭니다.

오
늘
의
　알
아
차
림

어떠한 일이 생겼을 때
옳고 그름의 잣대로만 판단할 때가 있습니다.
물론 옳고 그름을 명확하게 판단하는 것이
필요할 때도 있지만 인간사 모든 일이
옳고 그름으로 판단될 수는 없습니다.
더구나 나와 생각이 같다고 해서 옳고,
그렇지 않다고 해서 그르다고 한다면
올바른 분별심을 가지지 못한 것입니다.
올바른 분별심이란 그 바탕에
자신의 입장만 생각하는 아집이 없이
맑고 자비심이 충만하여 늘 깨어 있는 마음입니다.

좋은 마음은 따르고
미운 마음은 비우다°

《본생경》에 이런 이야기가 나옵니다. 옛날에 한 귀족이 가지고 있던 경주용 말이 아무런 이유 없이 발을 절뚝거리기 시작했습니다. 놀란 귀족은 수의사를 불렀지만 도저히 원인을 찾을 수 없다는 말만 들었습니다. 절뚝거리는 걸로 봐서는 분명히 아픈 게 맞는데 원인이 없으니 고칠 수도 없는 일이었습니다. 답답해진 귀족은 현인을 찾아가 조언을 받기로 했습니다. 현인이 물었습니다.

"혹시 몇 달 사이에 말에게 달라진 점이 있나요?"

곰곰이 생각하던 귀족은 말 훈련사를 바꾼 일이 생각났습니다.

"그 말의 훈련사를 얼마 전에 바꾸었지요."

현인이 다시 물었습니다.

"그 사람과 말이 잘 지내는 것 같나요?"

귀족은 말이 훈련사와 아주 잘 지내고 있으며, 훈련사가 아주 열정적으로 말을 돌봐 주고 있다고 대답했습니다. 현인이 다시 물었습니다.

"혹시 그 훈련사가 다리를 저나요?"

"예. 다리를 절뚝거리고 걷습니다."

말이 다리를 절뚝거리는 이유가 비로소 나왔습니다. 훈련사의 애정을 듬뿍 받은 말이 훈련사의 모습을 따라 한 것이 원인이었던 겁니다. 귀족은 곧바로 훈련사를 바꾸었고 말은 얼마 지나지 않아 똑바로 걷게 되었습니다.

이 이야기는 우리가 주변의 영향을 얼마나 많이 받으며

살아가는지 보여 줍니다. 우리가 누군가에 대해 계속 생각하고 감정을 낼수록 그를 닮아 간다는 뜻입니다. 좋아하는 사람도 그렇고 미워하는 사람도 그렇습니다. 누군가에 대해 미워하는 감정을 내면, 어느샌가 그를 닮아 가는 자신을 발견할 수 있습니다. 분노가 많은 사람을 보면서, 저 사람은 왜 화를 많이 낼까 하고 그에 대해 악한 감정을 일으키는 순간 나도 분노하는 그를 닮게 되는 것입니다. 또 험담을 자주 하는 사람을 보고 "저 사람은 왜 저렇게 남의 얘기를 자주 할까. 정말 나쁜 사람이다"라고 생각하는 순간 나역시 그를 험담하고 있는 꼴이 되는 겁니다. 그러니 미워하는 마음을 내면 낼수록 나도 미운 사람이 되는 겁니다.

다행히 누군가를 존경하고 따르는 것도 이와 같습니다. '저 사람 참 좋다'라는 마음을 가지면 그의 좋은 면을 찾으려 노력하고, 따라 하려고 하니 나 역시 좋은 사람이 되는 겁니다. 부부는 닮는다고 했습니다. 서로 좋아하는 마음을 내면 좋은 면을 닮은 부부가 되고, 서로 싫어하는 마음을 내면 싫은 점만 남는 부부가 되는 겁니다. 여러분은 어떤 쪽을 택하시겠습니까?

우리가 부처님 법을 공부하고 믿음을 내는 이유는 언젠가 부처님이 되기 위함입니다. 부처님을 닮아 가기 위해서 끊임없이 가르침을 생각하고, 떠올리고, 상기하면 저절로 부처님을 닮아 가게 됩니다. 아주 당연한 이치입니다.

세월이 흐르며 여러분께서 부처님과 인연을 맺은 햇수도 더 늘어났겠지요. 여러분께서는 부처님을 얼마나 닮아 가고 계십니까? 소소한 것들에 대해 미워하는 마음을 내면서 미운 사람이 되어 가고 있지는 않은지 곰곰이 생각해 보시기 바랍니다.

흔적°

아침 공양을 마치고 산책하고자 방향을 근처의 초등학교 쪽으로 잡으면 일주문 옆 부도탑을 항상 지나가게 됩니다. 그곳을 보고 있으면 내 마음도 경건해지고 존경심도 일어납니다. 부도탑의 주인은 어느 한 시대에 이 산중의 수행승으로 살았을 텐데 지금은 부도탑이 되어 이 자리를 지키고 있습니다. 불어오는 바람결이 평범한 수행승으로 살다 간 스님의 삶의 흔적들을 전해 줍니다. 훌륭한 고승 중에는 큰 발자취를 남겨 우리에게 존경받는 인물로 전해 오는 분들도 있지만 그렇지 않은 분들도 많이 있습니다. 하지만 모두가 자신의 자리에서 열심히 살아온 분들입니다.

문득 나도 언젠가는 떠날 텐데 어떤 흔적을 남겨야 할까 생각해 봅니다. 내가 누군가의 기억 속에 남아 있다면 그 사람에게 꿈이 되고 향기가 되어 멋진 인생을 살아가는 데 밑거름이 되었으면 합니다. 물과 바람처럼, 우리 모두가 서로에게 필요한 존재가 되어 살아간다면 이 또한 아름다운 수행자로서의 삶이 되지 않을까 하는 작은 바람으로 오늘을 살아갑니다.

우연히 향기를 실은 바람의 선행°

　이곳 도량에는 치자꽃 향기가 그윽합니다. 도량에 들어
서는 이들마다 꽃향기를 좇아 주변을 둘러보는 모습을 보
면 향기에 취한다는 말이 틀린 말은 아닌 것 같습니다.
　움직이지 못하는 꽃은 향기로써 자신의 존재를 알립니
다. 그러나 코앞에 꽃이 있어도 향기를 실어다 주는 바람이
없다면 향기는 멀리 퍼져 나갈 수 없을 겁니다. 다행히도
그 길을 지나던 바람이 향기를 실어 준 것이지요.

　살다 보면 큰 힘을 들이지 않고 습관적으로 선행을 할 때
가 있습니다. 넘어진 아이를 일으켜 세워 준다든지, 엘리베
이터 문을 잡아 준다든지, 북적대는 인파 속에서 한 걸음
뒤로 물러나 앞 사람을 배려해 준다든지 하는 행동 말입니

다. 많은 생각을 하지 않고도 습관적으로 나오는 선행입니다. 나 자신은 별것 아니라 생각해도 내가 잠깐 뻗은 손이 누군가에게는 가장 필요한 손이었을 수도 있습니다.

좋은 습을 많이 지닌 사람들은 크게 노력하지 않아도 타인을 위해 선업을 지을 수 있습니다. 반면 나쁜 습을 많이 지니면 의도치 않게 악업을 짓게 되는 것입니다. 태어날 때부터 타고난 습이 있습니다. 세 살 버릇 여든까지 간다는 말은 습관을 바꾸기가 그만큼 쉽지 않다는 말입니다. 태어난 지 세 살밖에 안 된 아이의 습도 고치기 어려운데 서른 살, 마흔 살이 되어 생긴 습을 바꾸기란 얼마나 어렵겠습니까.

습관은 당장 바꿀 수 있는 문제는 아닙니다. 하지만 방법이 있습니다. 봉사는 부처님 법을 회향하는 좋은 방법 중

하나라고 말합니다. 타인을 위해 자신을 내려놓고 봉사한다는 것은 자비의 실현이자 부처님께서 중생들에게 보이셨던 구제의 방법이었습니다.

법당에 들어갈 때 다른 사람의 신발을 한번 살펴보십시오. 지저분하다면 내 손으로 정리해도 됩니다. 법당에 향불이 켜져 있다면 내 향은 피우지 않아도 됩니다. 참배를 하고 나오면서 좌복이 흐트러져 있다면 먼저 정리한 후 내 것을 그 위에 올려도 됩니다. 문을 나오며 내 신발이 멀리 있다고 해서 남의 신발을 밟지 않습니다. 조금만 관심을 가지면 참배를 하고 나오는 그 순간에도 타인을 위해 작은 선행을 베풀 수 있는 것입니다. 이것이 수없이 반복되면 법당에 드나드는 순간에도 무의식적으로 선업을 지을 수 있는 것입니다. 습이 나쁘면 우연히라도 악업을 짓지만 좋은 습은 노력하지 않아도 선업을 짓게 합니다.

더운 여름, 당신은 "아이고, 더워서 못 살겠네" 하고 짜증을 내는 사람인가요, 아니면 다른 이를 위해 조용히 창문

을 열어 둘 수 있는 사람인가요? 우연히 치자꽃의 향기를
실어 나른 고마운 실바람처럼, 누군가에게 우연히라도 선
행을 베풀 수 있는 좋은 습을 지니기 바랍니다.

나 혼자 행복하다고 해서
평화로움이 오는 것은 아닙니다.
우리는 무수한 관계 속에서 인드라망으로 엮여 있기에
가족이나 친한 친구에게 불행한 일이 생기면
결코 행복한 일상을 유지할 수 없습니다.
나와 인연 지어진 관계가 행복하고 평화로울 때
비로소 나도 행복해질 수 있는 것입니다.

자신 안의 불성을 찾기를°

양은 온순하고 무리를 지어 생활하는 동물입니다. 약한 자신을 보호하기 위한 그들만의 보호 수단입니다. 더 강한 치아와 더 날카로운 뿔을 가질 수 있었겠지만 그들의 치아는 풀을 뜯어먹는 용도로, 날카로운 뿔은 제 몸을 보호하는 용도로만 씁니다. 대신 그들은 무리를 통해 서로를 지키고 보호하는 것입니다. 아마도 양에게 날카로운 뿔과 날카로운 송곳니가 있었다면 무리가 필요치 않았을 겁니다.

인간의 삶은 외로운 맹수보다는 양과 닮아 있습니다. 아무리 강한 발톱을 가졌다 하여도 타인에게 상처를 주는 용도로 써서는 안 되고, 아무리 강한 치아를 가졌다 해도 상대를 헐뜯는 용도로 써서는 안 됩니다. 또 자신을 보호하기 위한 뿔을 상대를 향해 날카롭게 뻗어서도 안 됩니다.

하지만 우리 주변에는 양의 탈을 쓴 맹수가 많습니다. 그래서 무리 생활을 하면서도 오히려 가까운 이들을 공격하는 경우를 많이 볼 수 있습니다. 우리는 모두 제각기 다른 업을 지녔고, 다른 성품을 가졌습니다. 그러나 불성이 변하는 법은 없습니다. 다 같은 불성을 가졌지만 그것이 어떻게 표현되느냐에 따라 성격이 다르고, 가치관이 달라지는 것입니다. 발톱을 내어 남을 공격하는 사람은 자신의 불성을 잊고 좋지 않은 방법으로 자신을 표현하는 사람입니다.

자신의 불성에 따라 사는 사람은 다른 것에 끄달리지 않고 내면만을 비추어 살아가는 사람입니다. 내면을 잘 들여다보면 자신의 어떤 행위가 남에게 해를 가하고 이익을 주는지 알 수 있습니다. 그래서 현명한 무리 생활을 하기 위해서는 항상 자기 안의 불성을 찾고 그것을 밝게 비추어 다른 나쁜 습에 가려지지 않도록 해야 합니다.

불성에 따라,
내면만을 비추어 살아가는 사람

잘못을 인정할 줄 알기°

어떤 일에 문제가 생겼을 때 가장 쉬운 일은 누군가를 원망하는 일입니다. 자신의 잘못임이 확실하다는 것을 알면서도 누군가에게 책임을 전가하면 당장은 마음이 편안하기 때문입니다.

하지만 그 옳고 그름까지 변하는 것은 아닙니다. 자신의 잘못을 드러내는 것도, 인정하는 것도 당연한 일임에도 큰 용기가 필요한 것 같습니다. 누구나 실수를 할 수 있고 그 실수로 인해 스스로를 책망하게도 됩니다. 하지만 그로 인해 스스로를 원망하거나 좌절하지 말고 잘못을 인정하고 같은 잘못을 하지 않으면 됩니다. 실수에 집착하는 것은 어리석은 일입니다. 중요한 것은 자신의 잘못을 겸허하게 인정하고 새롭게 시작할 수 있는 용기입니다.

눈 감고 귀 막고 입 닫고°

요즈음 사찰마다 눈 감고 귀 막고 입 닫고 있는 부처님 상이 많은 것 같습니다. 눈을 감는 것은 다른 이의 허물을 보지 말 것이며, 귀를 닫는 것은 그저 스쳐 지나는 말 또는 마음에 걸림이 생길 것 같은 말들은 귀를 닫아 듣지 말라는 뜻입니다. 입을 다문다는 것은 세상 모든 분쟁은 말로써 인하여 생기는 것이니 말을 조심하라는 뜻일 것입니다.

"진실이란 무엇입니까?"
"진실에 세 가지가 있으니 부처님과 자신과 사람들을 속이지 않는 것이다."
"그러면 진실한 말이란 어떤 것입니까?"
"말을 많이 하지 않고, 말을 조심하고, 거친 말을 쓰지 않는 것이 진실한 말이다."

《대집경》에 등장하는, '진실'과 '진실한 말'에 대해 부처님
께 여쭙는 내용입니다. 항상 바른 생각, 바른 말, 바른 행동
으로 세상을 진실하게 살아가야 할 것입니다. 그것이 세상
을 살아가는 지혜입니다.

오
늘
의 알
아
차
림

관계 속에서 항상 불만이 있는 사람이 있습니다.
문제를 상대방에게서 찾거나
자신이 운이 없다는 둥
밖에서 그 원인을 찾습니다.
하지만 잘못이 본인에게 있다는 것을
자신만 모를 뿐,
주위의 사람들은 알고 있는 경우가 있습니다.
그것을 깨닫지 못하는 사람은
평생 불만과 불평 속에서 살 수밖에 없습니다.

입은 화의 근원°

　한 번 뱉은 말은 다시 돌이킬 수 없기 때문에 입은 화의 근원이라고 합니다. 그렇기 때문에 말을 하기 전에 생각을 정리하고 해야 하는 것입니다.

　"몇 천 겁을 쌓아 온 보시와 부처님께 올린 공양 등 어떠한 선행 그 모든 것도 단 한 번의 성내는 마음[嗔心]으로 무너진다"라고 《입보리행론》에서 말하고 있습니다. 간혹 생각을 정리하고도 실수로 말을 잘못 하는 경우도 있습니다. 하지만 눈에 보이지 않는 마음까지 상대방이 알아 주기란 매우 어렵습니다. 마음은 말과 행동을 통해서 다른 사람에게 전달되기 때문에 특히 더 신중하게 해야 하는 이유가 여기 있습니다.

오랫동안 좋은 관계를 유지해 온 사람이라도 단 한마디의 말로 인해서 그 인연이 다하는 경우가 있습니다. 만나는 사람마다 따뜻하고 정다운 말을 전해 보시기 바랍니다.

완벽한 사람, 현명한 사람°

　우리들은 하루에도 수많은 생각 속에서 살아가고 있습니다. 어제보다 나은 오늘을 위해 부지런히 자신의 부족한 점을 채워 나가기 위해 노력하고 있습니다. 대부분의 사람들은 자신의 삶이 완벽하기를 원하니까요. 그렇지만 완벽한 사람보다 지극히 현명한 사람들이 이 세상을 지혜롭게 만들어 가고 있습니다. 인생에 있어 완벽함이란 없습니다. 좋지 않은 생각들을 멀리하고 매일 현명한 사람이 되기를 기도하십시오.

　계산적으로 세상을 살지 않고 자신에게 불리하더라도 어렵고 힘든 사람들을 이해하고 그들의 슬픔과 아픔을 함께 하는 것, 그것이 현명하게 살아가는 길입니다.

사랑을 보여 주는 좋은 방법°

요즘 반려견이 타인을 공격하고, 견주가 반려견을 제대로 관리하지 못해 생기는 여러 문제가 사회적으로 대두되고 있습니다.

한 방송 프로그램에서 이를 주제로 다큐멘터리를 방영했습니다. 방송에 나온 외국의 한 대학에서는 수업에 개와 함께 참석하는 것이 허락되었는데, 중요한 점은 수업을 듣는 학생이나 개나 둘 다 너무나 조용했다는 겁니다. 학생이야 사람이니 수업에 집중한다고 치지만, 우리의 상식으로 개가 가만히 있을까 하는 의문이 들지요. 그런데 그게 가능하다는 점이 참 신기했습니다.

비결은 간단했습니다. 수업이 끝난 후 개를 잔디밭에서 마음껏 뛰어놀게 하는 것. 이렇듯, 반려견에 대한 논란 이전에 본성이란 것에 대해 생각해 볼 필요가 있는 것 같습니다.

문득 사랑을 주는 것은 어떤 의미인가를 돌이켜 봅니다. 밥을 주고 머리를 쓰다듬어 주고 데리고 다니며 사랑한다고 말하는 것만 사랑이라 할 수 있을까요.

호랑이와 사슴이 서로 너무나 사랑해서 결혼했습니다. 호랑이는 사슴에게 매일 고기를 갖다 주며 사랑을 표현했고, 사슴은 호랑이를 사랑한다며 매일 풀을 가져다 줬습니다. 그렇게 하기를 몇 년. 둘은 결국 지쳐서 헤어졌습니다.

우리가 반려견을 보는 입장도 그래야 하지 않을까 생각합니다. 자신의 사랑만이 옳은 것이 아니라 타인에 대한 배려, 개의 본성에 대한 고려는 당연히 선행되어야 할 것입니다. 일방적인 사랑이 아니라, 타인에 대한 배려가 선행된 사랑으로 당신도 더욱 행복해지시기 바랍니다.

오
늘
의

알
아
차
림

가끔 자신의 삶을 관조하는 동안,
지금이 딱 행복하다고 느낄 때가 있을 것입니다.
아마도 그 순간은 물질적으로 풍족했을 때보다
가족과 주위의 사람들이 편안할 때였을 것입니다.
이처럼 행복은
나 혼자만 편안했을 때 찾아오는 감정은 아닌 것 같습니다.
그러니 우리 모두의 행복을 위해 기도해야겠습니다.

그 생각, 놓아도 괜찮습니다

초판 1쇄 발행 2018년 5월 15일
초판 3쇄 발행 2019년 12월 19일

글쓴이 원허
그림·손글씨 한아롱

펴낸이 오세룡
기획·편집 이연희 김영미 박성화 손미숙 김정은
취재·기획 최은영 곽은영
디자인 조성미(road0208@naver.com)
　　　　고혜정, 김효선, 장혜정
홍보·마케팅 이주하
펴낸 곳 담앤북스
　　　　서울특별시 종로구 새문안로3길 23 경희궁의 아침 4단지 805호
　　　　대표전화 02) 765-1251 전송 02) 764-1251
　　　　전자우편 damnbooks@hanmail.net
　　　　출판등록 제300-2011-115호

ISBN 979-11-6201-075-4 (03220)

정가 15,000원

이 도서의 국립중앙도서관 출판예정도서목록(CIP)은 서지정보유통지원시스템 홈페이지
(http://seoji.nl.go.kr)와 국가자료공동목록시스템(http://www.nl.go.kr/kolisnet)에서 이
용하실 수 있습니다.(CIP제어번호: CIP2018012194)